DESIGN DE SERVIÇOS

 Os livros dedicados à área de *design* têm projetos que reproduzem o visual de movimentos históricos. As aberturas e títulos deste módulo, com elementos fragmentados, formas aleatórias, mistura de tipografia e estilos e brincadeiras visuais, relembram o *design* pós-moderno, muito forte nos anos 1980.

DESIGN DE SERVIÇOS

Michelle Aguiar

Rua Clara Vendramin, 58 . Mossunguê . CEP 81200-170 . Curitiba . PR . Brasil
Fone: (41) 2106-4170 . www.intersaberes.com . editora@intersaberes.com

Conselho editorial
Dr. Alexandre Coutinho Pagliarini
Drª Elena Godoy
Dr. Neri dos Santos
Dr. Ulf Gregor Baranow

Editora-chefe
Lindsay Azambuja

Gerente editorial
Ariadne Nunes Wenger

Assistente editorial
Daniela Viroli Pereira Pinto

Preparação de originais
Palavra Arteira Edição e Revisão de Textos

Edição de texto
Mycaelle Albuquerque Sales
Palavra do Editor

Capa
Charles L. da Silva (design)
small smiles/Shutterstock (imagem)

Projeto gráfico
Bruno Palma e Silva

Diagramação
Estúdio Nótua

Designer responsável
Luana Machado Amaro

Iconografia
Regina Claudia Cruz Prestes

Dados Internacionais de Catalogação na Publicação (CIP)
(Câmara Brasileira do Livro, SP, Brasil)

Aguiar, Michelle
  Design de serviços/Michelle Aguiar. Curitiba, PR: InterSaberes, 2022.

  Bibliografia.
  ISBN 978-65-5517-214-0

  1. Design 2. Serviços – Controle de qualidade 3. Serviços – Marketing I. Título.

22-99359   CDD-658.8

Índices para catálogo sistemático:
1. Design de serviços: Desenvolvimento: Gestão do processo: Administração 658.8

Eliete Marques da Silva – Bibliotecária – CRB-8/9380

1ª edição, 2022.

Foi feito o depósito legal.

Informamos que é de inteira responsabilidade da autora a emissão de conceitos.

Nenhuma parte desta publicação poderá ser reproduzida por qualquer meio ou forma sem a prévia autorização da Editora InterSaberes.

A violação dos direitos autorais é crime estabelecido na Lei n. 9.610/1998 e punido pelo art. 184 do Código Penal.

Sum*ário*

Apresentação 8
Como aproveitar ao máximo este livro 12

1 **Introdução a serviços** 18
 1.1 O que é serviço 19
 1.2 Natureza e características dos serviços 21
 1.3 Projetos orientados a serviços 29
 1.4 *Marketing* de serviços 32
 1.5 Bens, serviços e experiências 35

2 **A experiência resultante da interação com serviços** 46
 2.1 O que é experiência 47
 2.2 Aspectos da experiência do usuário 51
 2.3 Criação e direcionamento da experiência resultante da interação com serviços 54
 2.4 Como definir experiências 57
 2.5 Criação de valor 66

3 **Introdução ao design de serviços** 84
 3.1 O que é design de serviços 85
 3.2 Usos e áreas de aplicação do design de serviços 90
 3.3 O pensamento sistêmico aplicado ao design de serviços 91
 3.4 O design estratégico como abordagem em serviços 96
 3.5 Princípios para o design de serviços 101
4 **Modelos e processos para o design de serviços** 116
 4.1 Modelos de *design thinking* e sua aplicação em design de serviços 118
 4.2 O método do diamante duplo como processo aplicado ao design de serviços 128
 4.3 O primeiro diamante e o processo de pesquisa no design de serviços 130
 4.4 O segundo diamante e o processo de ideação no design de serviços 140
 4.5 Verificação e implementação do serviço 159
5 **Caixa de ferramentas** 170
 5.1 Ferramentas sugeridas para a etapa de descoberta 171
 5.2 Ferramentas sugeridas para a etapa de definição 184
 5.3 Ferramentas sugeridas para a etapa de desenvolvimento 192
 5.4 Ferramentas sugeridas para a etapa de entrega 198
 5.5 Detalhando ferramentas para demonstração e compreensão do serviço 204

Considerações finais 224
Referências 226
Respostas 235
Sobre a autora 244

Apresen-
tação

Design de serviços é uma área de estudo relativamente recente, mas que tem se destacado de forma significativa desde o início do século XXI. Nesse contexto, apresentamos neste livro todas as principais abordagens para compreender e conduzir projetos orientados a serviços sob o viés do design. Assim, nosso interesse está voltado à compreensão do serviço com base em sua natureza, suas características e classificações, com o objetivo de relacionar esses aspectos na prospecção de soluções efetivas. Para tanto, enfocamos aqui diferentes áreas de abordagem, como *marketing* de serviços, experiência do usuário, pensamento sistêmico, design estratégico e *design thinking*, para guiar a constituição de projetos orientados a serviços. Adicionalmente, este livro sugere a aplicação de um modelo para orientar o processo de design de serviços, juntamente com algumas ferramentas que podem auxiliar na condução desse processo, conforme suas etapas de aplicação.

Nesse sentido, esta obra é direcionada a profissionais interessados em compreender melhor como prospectar de forma sistêmica e interdisciplinar os serviços por meio do *design thinking*. Reunimos aqui os conteúdos necessários para você, leitor, compreender o que é e o que não é o design de serviços, bem como as perspectivas, os processos e as ferramentas alinhados a essa abordagem. Buscamos compilar a visão de diferentes autores, escritórios e projetos sobre o assunto, de modo a gerar reflexões e discussões para a composição de soluções em design de serviços que possam efetivamente ser desejáveis, praticáveis e viáveis para o enfrentamento de problemas reais, contemporâneos e complexos.

Considerando o assunto principal deste livro, design de serviços, organizamos os conteúdos a partir de uma introdução a serviços, no Capítulo 1, abordando o que é serviço, sua natureza e suas características para, então, delimitar projetos orientados a serviços e relacionar o *marketing* de serviços com as definições sobre bens, serviços e experiências. Em seguida, no Capítulo 2, apresentamos definições acerca da experiência do usuário e discutimos a criação e o direcionamento da experiência em serviços, de forma a conduzir o mapeamento da experiência e direcionar a composição da proposta de valor para compor serviços.

As definições sobre design de serviços são finalmente enfocadas no Capítulo 3, no qual examinamos áreas, usos e princípios para o design de serviços, além das abordagens do pensamento sistêmico e do design estratégico. Com base nessa introdução ao design de serviços, delimitamos, no Capítulo 4, modelos e processos empregados nessa abordagem, tendo como parâmetro modelos de *design thinking* e sua aplicação em design de serviços. Após a reflexão sobre diferentes modelos, selecionamos o método do diamante duplo como referência de aplicação do processo de design de serviços. Assim, dedicamos o Capítulo 5 à apresentação de ferramentas para cada uma das quatro etapas do método do diamante duplo, finalizando nossa discussão com ferramentas voltadas à demonstração do serviço, como o *blueprint* de serviços e o desenho do serviço.

Boa leitura!

Como aproveitar ao *máximo este livro*

Empregamos nesta obra recursos que visam enriquecer seu aprendizado, facilitar a compreensão dos conteúdos e tornar a leitura mais dinâmica. Conheça a seguir cada uma dessas ferramentas e saiba como estão distribuídas no decorrer deste livro para bem aproveitá-las.

CONTEÚDOS DO CAPÍTULO:
Logo na abertura do capítulo, relacionamos os conteúdos que nele serão abordados.

APÓS O ESTUDO DESTE CAPÍTULO, VOCÊ SERÁ CAPAZ DE:
Antes de iniciarmos nossa abordagem, listamos as habilidades trabalhadas no capítulo e os conhecimentos que você assimilará no decorrer do texto.

SÍNTESE

Ao final de cada capítulo, relacionamos as principais informações nele abordadas a fim de que você avalie as conclusões a que chegou, confirmando-as ou redefinindo-as.

QUESTÕES PARA REVISÃO

Ao realizar estas atividades, você poderá rever os principais conceitos analisados. Ao final do livro, disponibilizamos as respostas às questões para a verificação de sua aprendizagem.

QUESTÕES PARA REFLEXÃO

Ao propormos estas questões, pretendemos estimular sua reflexão crítica sobre temas que ampliam a discussão dos conteúdos tratados no capítulo, contemplando ideias e experiências que podem ser compartilhadas com seus pares.

Capítulo 1

INTRODUÇÃO A SERVIÇOS

Conteúdos do capítulo:
- Conceito de serviço.
- Natureza e características dos serviços.
- Projetos orientados a serviços.
- *Marketing* de serviços.
- Bens, serviços e experiências.

Após o estudo deste capítulo, você será capaz de:
1. entender o que é e o que não é serviço;
2. delimitar projetos orientados a serviços, reconhecendo a natureza e as características dos serviços;
3. planejar um *mix* de *marketing* para serviços;
4. compreender as relações entre bens, serviços e experiências no contexto do design de serviços.

Diferentemente do que ocorre em áreas de conhecimento como administração, *marketing* e engenharias, estudos e projetos orientados a serviços constituem uma abordagem recente no âmbito do design. Mas o que compete ao designer quando um projeto envolve serviços? Segundo Gillian Hollins e Bill Hollins (1999), entre diversas tarefas e competências, cabe ao designer de serviços apresentar, promover e implementar serviços, além de instruir os usuários destes.

Adicionalmente, temos percebido que a abordagem contemporânea acerca de serviços tem consistido na compreensão do serviço sob diferentes aspectos, considerando-se bens e experiências, perspectivas envolvidas, criação de valor, processos utilizados, entre outras situações, conforme a singularidade dos contextos e as necessidades dos usuários. Com isso, o design de serviços tem alcançado cada vez mais seu espaço em áreas de atuação no design. Há ainda muitos autores que consideram que, para o design, tudo envolve serviço. Porém, antes de nos posicionarmos diante dessa afirmação, vamos analisar o conceito de serviços, suas características e a forma como se caracterizam projetos orientados a serviços.

1.1 O que é serviço

A palavra *serviço* está tão presente em nosso cotidiano, que muitas vezes nem nos damos conta das relações implicadas em seu significado. Segundo Thomas Erl (2009), a trivialidade dos serviços se apoia no entendimento de que qualquer indivíduo que execute uma atividade específica para dar suporte a outro está prestando um serviço. No entanto, antes de iniciarmos nossa discussão sob o viés do design, vamos considerar a definição do termo aqui em análise. Conforme o *Dicionário Priberam* (Serviço, 2021), a palavra *serviço* é um substantivo masculino e tem as seguintes definições: "1. Ato ou efeito de servir. 2. Préstimo, trabalho, proveito, utilidade, uso. 3. Exercício de funções obrigatórias. [...] 5. Desempenho de qualquer trabalho. 6. Diligência. 7. Obséquio. 8. Ação útil e benéfica. 9. Conveniência. 10. Serventia. [...] 14. Ofício".

Erl (2009) acrescenta que grupos de indivíduos ou organizações que oferecem e executam suas capacidades por meio de tarefas associadas aos interesses de seu propósito ou negócio estão oferecendo um serviço. Nesse sentido, compete a essas pessoas, empresas e organizações definir precisamente as tarefas oferecidas por meio do serviço que vai ser ofertado. Assim, Erl (2009) observa que um único serviço pode oferecer uma coleção de capacidades, que, por sua vez, podem ser agrupadas e relacionadas em um contexto de funcionalidades para o qual o serviço é projetado. É com essa perspectiva que vamos abordar o design de serviços.

Dessa maneira, compreendemos que o serviço é resultado de um conjunto de capacidades e ações que conduzem um produto até seu consumidor (Castelli, 1994 citado por Mello, 2005, p. 15). Nesse sentido, Carlos Henrique Pereira Mello (2005) conclui que existem diferentes perspectivas a partir dessa abordagem. Enquanto alguns autores consideram que serviço é um benefício essencialmente intangível (ou seja, imaterial), outros admitem que o serviço envolve ações tanto intangíveis como tangíveis, mediante a interação entre o serviço e o consumidor (ou usuário, como geralmente denominamos no design). Entre as definições relacionadas por Mello (2005), destacamos que o serviço também pode ser compreendido como um conjunto de ações realizadas para mudar as condições de quem usufrui de seus benefícios (cliente/usuário), atendendo às suas necessidades e agregando valor ao serviço prestado.

Assim, ao considerarmos ações tangíveis e intangíveis geradas por meio de serviços, podemos concluir que o serviço conduz bens e experiências até uma pessoa que vai usufruir de funcionalidades específicas, conforme suas necessidades e seus interesses. Contudo, Mello (2005) acredita que nenhuma dessas definições descreve amplamente a diversidade de possibilidades nem a complexidade de atributos relacionados aos serviços.

De fato, segundo Tenny Pinheiro (2015, p. 25), "serviços são relacionamentos", os quais têm implicações tangíveis e intangíveis tanto para relações sociais como para relações comerciais. Nessa perspectiva, Pinheiro (2015) afirma que um serviço bem elaborado deve ser capaz de encorajar as pessoas a se relacionarem com bens e serviços para além de suas funcionalidades, alcançando um nível mais emocional nesse relacionamento. A seguir, vamos examinar melhor as características dos serviços e demais aspectos relacionados.

1.2 Natureza e características dos serviços

O fornecimento de um serviço pode estar ou não relacionado a um bem tangível, como destacado no Portal BH1 (A natureza..., 2018), *site* dedicado a artigos sobre *marketing*, gerenciamento e tecnologia. As organizações estão se dedicando cada vez mais a oferecer serviços com valor agregado ou mesmo um alto nível de atendimento a clientes que buscam serviços e atendimentos diferenciados. Mas qual é a natureza dos serviços e quais são suas características?

De acordo com Mello (2005), é possível dimensionar estratégias que transcendem a natureza dos serviços e as fronteiras das atividades implicadas. Tendo isso em vista, a natureza das ações envolvidas nos serviços abrange questões sobre a forma tradicional como são apresentadas aos clientes-usuários. Nesse sentido, as ações associadas a serviços podem ser assim caracterizadas:

- **Ações intangíveis** – Correspondem às ações que envolvem ideias ou conceitos, que, por consequência, não apresentam evidências físicas que permitam algum contato direto. A intangibilidade dos serviços pode ser algo muito abstrato para certos clientes-usuários, dificultando sua percepção, uma vez que não é possível ver, sentir ou tocar o serviço (Fitzsimmons; Fitzsimmons, 2000; Lovelock, 1992 citados por Mello, 2005). Considerando-se essa intangibilidade, um serviço é medido com base em sua subjetividade (Ruskin-Brown, 2005), tendo em vista sensações, preferências, expectativas e experiências dos clientes-usuários. Sob esse aspecto, entendemos que a intangibilidade dos serviços implica a presença do cliente--usuário durante as ações envolvidas (Contador, 2001 citado por Mello, 2005).

- **Ações tangíveis** – Correspondem às ações que envolvem as evidências que podem ser fisicamente percebidas (Ruskin-Brown, 2005) e, consequentemente, são vistas, tocadas e utilizadas pelos clientes-usuários. Portanto, a experiência com um serviço pode ser associada à sua tangibilidade por meio das evidências físicas envolvidas, mesmo que a natureza do serviço seja essencialmente intangível. Nesse caso, observam-se as seguintes possibilidades (A natureza..., 2018):

> instalações físicas – por meio de um local de atendimento, no qual a tangibilidade do serviço pode estar associada aos corredores externos e internos que oferecem livre circulação para os usuários-clientes, à disposição intuitiva dos postos de atendimento e ao fluxo de pessoas planejado cuidadosamente;
> pessoas – por meio de um número de funcionários suficiente para administrar o volume de trabalho e atender clientes-usuários;
> equipamentos – por intermédio de computadores, copiadoras, mesas, caixas automáticos e outros objetos que possam ser úteis às ações envolvidas no serviço;
> material de comunicação – por meio de materiais impressos ou digitais que comuniquem informações acessíveis aos clientes-usuários mediante textos e imagens, com eficiência e rapidez;
> símbolos – por intermédio de marcas e nomes que forneçam informações rapidamente ao cliente-usuário em momentos--chave do serviço.

Com base na natureza dos serviços, podemos identificar características específicas. De acordo com Peter Mudie e Angela Pirrie (2006), os serviços apresentam quatro características-chave que permitem distinguir suas abordagens:

1. **Intangibilidade** – Geralmente, não percebemos as ações envolvidas no serviço até sua entrega. Por esse motivo, é importante considerar todos os momentos de interação com o serviço (antes, durante e depois) e associar ações tangíveis ao serviço para ajudar clientes-usuários a compreender melhor suas implicações.

Os Estúdios Disney, por exemplo, costumam tornar tangíveis suas histórias de fantasia por meio de parques temáticos (A natureza..., 2018). As organizações podem explorar a experiência dos clientes-usuários levando em conta os seguintes aspectos (A natureza..., 2018):
› sensorial – explora a experiência em níveis perceptivos (visão, audição, paladar, olfato e tato);
› afetivo – explora a experiência em níveis emocionais, tendo em vista a satisfação do cliente-usuário ao interagir com o serviço;
› comportamental – explora a experiência em níveis cognitivos, associando experiências anteriores vivenciadas pelo cliente-usuário;
› intelectual – explora a experiência em níveis cognitivos mais reflexivos, resgatando pensamentos do cliente-usuário ou estimulando sua curiosidade ou necessidade de resolver situações por meio do serviço.

2. **Inseparabilidade** – Os serviços envolvem uma relação de simultaneidade entre produto e consumo, ou seja, os serviços podem ser mais bem-percebidos pelo cliente-usuário quando ele está envolvido na produção e na entrega dos serviços. Nesse sentido, promover a tangibilidade do serviço por meio de pessoas (funcionários, prestadores de serviços) pode ser fundamental. Uma organização pode treinar seus atendentes para que inspirem mais confiança entre os clientes-usuários durante a realização do serviço. Empresas como a H&R Block, por exemplo, têm explorado essa simultaneidade, oferecendo aos clientes uma rede de consultores financeiros muito bem-preparados (A natureza..., 2018).

3. **Variabilidade** – Os serviços podem ser muito variáveis, pois a qualidade deles depende tanto de quem os oferece quanto de como ou quando são realizados. Ou seja, a variabilidade está relacionada ao desempenho das ações envolvidas no serviço. Nesse sentido, esta é uma característica que pode determinar a escolha entre diferentes ofertas para o mesmo tipo de serviço, visto que as pessoas costumam consultar outros consumidores de certos serviços para tomarem decisões sobre qual prestador escolher. Diante disso, algumas ações podem ser estabelecidas para garantir a qualidade do serviço considerando-se sua variabilidade (A natureza..., 2018):
   › investir em bons processos de contratação e treinamento de funcionários;
   › padronizar o processo de execução do serviço em toda a organização;
   › acompanhar a satisfação do cliente.
4. **Perecibilidade** – Diferentemente dos produtos, os serviços não podem ser armazenados para uso ou comercialização posteriores. Por esse motivo, sua perecibilidade pode ser um problema quando há oscilação na demanda. Desse modo, estratégias precisam ser elaboradas para produzir uma melhor correspondência entre oferta e demanda, tendo em vista a imprevisibilidade quanto às ações envolvidas no serviço. Empresas de transporte urbano, por exemplo, oferecem mais veículos na hora de maior fluxo de movimento para dar conta do serviço e atender os usuários de forma consistente (A natureza..., 2018).

Além de suas características-chave, notamos que os serviços abrangem muitas possibilidades que ainda merecem ser reconhecidas, como veremos a seguir.

1.2.1 Classificação dos serviços

Segundo Mello (2005), uma classificação pode ajudar a compreender melhor as especificidades dos diferentes tipos de serviços e suas relações. Em sua pesquisa, o autor identificou diferentes formas de classificar serviços. Conforme o grau de padronização do serviço, são reconhecidas quatro possibilidades (Markland; Vickery; Davis, 1998 citados por Mello, 2005):

1. **Projeto** – Constitui serviços profissionais de longa duração, com volume unitário de produção e produtos personalizados, como consultorias e desenvolvimento de *software*, por exemplo.
2. **Job Shop** – Envolve serviços de curta duração, com volume baixo de produção e produtos personalizados. Oferece serviços flexíveis, porém o fluxo de clientes pode ser muito variável. O serviço de reparo de automóveis corresponde a um exemplo de *job shop*.
3. **Fluxo em linha** – Consiste em serviços de curta duração, com alto volume de produção. Entrega serviços padronizados por meio de uma linha de montagem, utilizando equipamentos especiais e poucos funcionários, igualmente especializados. Com isso, oferece pouca flexibilidade durante o processo, como é o caso de restaurantes de *fast-food* ("comida rápida").
4. **Fluxo contínuo** – Envolve serviços de processamento contínuo e de forma homogênea, operando em uma base de 24 horas por dia. Assim, propicia um serviço intangível que é percebido por meio da segurança e da proteção ofertadas aos clientes. Nesse caso, podemos utilizar como exemplos serviços de emergência e de segurança.

Considerando-se os processos envolvidos no serviço conforme a intensidade da mão de obra envolvida, do grau de interação e da personalização do serviço para o cliente-usuário, são identificados três tipos de serviços (Silvestro; Fitzgerald; Johnston, 1992 citados por Mello, 2005):

1. **Serviços profissionais** – Apresentam grande intensidade de mão de obra profissional, com alto nível de interação com os clientes e alto grau de personalização, ambos orientados ao processo. Há maior contato entre os profissionais envolvidos e os clientes, agregando-se maior valor às atividades da linha de frente do serviço, tendo em vista que o julgamento do serviço pelo profissional está diretamente associado ao atendimento das necessidades dos clientes. É o caso de serviços prestados por médicos, advogados, arquitetos etc.

2. **Serviços de massa** – Apresentam baixa intensidade de mão de obra profissional, com pouca interação com os clientes e baixo nível de personalização. As ofertas são predominantemente orientadas ao produto, agregando-se maior valor às atividades que não são percebidas pelos clientes e que ficam na linha de retaguarda. Com isso, pouco julgamento é aplicado pelos funcionários da linha de frente, como é o caso de transportes coletivos, transportadoras e escolas.

3. **Lojas de serviços** – Considerando-se a intensidade da mão de obra envolvida, o grau de interação e a personalização do serviço, essa categoria varia na média entre os níveis extremos observados para serviços profissionais e serviços de massa. São exemplos hospitais, hotéis, serviços bancários e serviços de reparo de todos os tipos.

Levando em consideração esses conceitos, Mello (2005) organiza as características principais dos tipos de serviços baseados em processos conforme o Quadro 1.1, a seguir.

Quadro 1.1 – **Características principais dos processos envolvidos nos serviços**

Características	Serviços Profissionais	Lojas de Serviços	Serviços de Massa
No. de clientes processados por unidade por período.	Baixo.	Médio.	Alto.
Grau de contato com o cliente.	Alto.	Médio.	Relativamente baixo e impessoal.
Valor do serviço.	Na linha de frente (*front-office*).	Tanto na linha de frente quanto na retaguarda (*back-office*).	Na retaguarda.
Oportunidades para padronização das operações.	Pequena.	Média.	Alta.
Ênfase do processo.	Nas pessoas. Equipamentos são usados como ferramentas de apoio.	Em pessoas e em equipamentos.	Em equipamentos.
Grau de autonomia dos funcionários.	Alto.	Médio.	Baixo.
Grau de personalização dos processos.	Alto.	Médio.	Baixo.

(continua)

(Quadro 1.1 – conclusão)

Características	Serviços Profissionais	Lojas de Serviços	Serviços de Massa
Definição de capacidade.	Disponibilidade de pessoal.	Disponibilidade de ocupação das instalações e do pessoal.	Disponibilidade da fábrica, dos equipamentos e das instalações.
Grau de reprodutibilidade dos processos.	Baixo.	Médio.	Alto.

Fonte: Mello, 2005, p. 32.

Com base nessas características e nos diferentes tipos de serviços, já podemos iniciar nossa discussão sobre projetos orientados a serviços sob o viés do design.

1.3 Projetos orientados a serviços

Sob o viés do design, a palavra *serviço* implica significados mais amplos com base em suas características-chave. Segundo Erl (2009, p. 44), "quando os serviços são consistentemente projetados com essas características comuns, a orientação a serviços é realizada com sucesso em todas as partes de um ambiente". Como exemplo, o autor cita a capacidade de reúso a ser explorada em design de serviços a partir de projetos orientados a serviços.

Assim, Erl (2009) considera os serviços como coleções de capacidades que podem ser agrupadas em um contexto funcional estabelecido por meio de um projeto orientado a serviços. Assim, a orientação a serviços é vista como paradigma de design, cuja abordagem é direcionada à solução. Para tanto, um problema maior deve ser fragmentado em partes menores, de modo a delimitar capacidades, agrupando-as em coleções de capacidades. Com isso, diferentes paradigmas podem resultar em diferentes formas de fragmentar problemas e solucioná--los com base em um conjunto de princípios orientadores:

- **Contrato de serviço padronizado** – Requer direcionamentos específicos para projetar serviços, considerando-se como os serviços expressam suas funcionalidades e como assegurar a otimização dos serviços mediante a adequada fragmentação do problema e sua padronização, de forma a garantir consistência, confiabilidade e governança dos pontos de contato (evidências físicas) estabelecidos pelo serviço.

- **Baixo acoplamento do serviço** – Envolve o relacionamento e o nível de dependência entre o contrato de serviço, sua implementação e os consumidores do serviço, de maneira a reduzir tal dependência. No entanto, para alcançar o nível adequado de acoplamento, é necessário que as considerações práticas sejam equilibradas em relação às várias opções de design de serviços.

- **Abstração do serviço** – Enfatiza a necessidade de manter oculta a maior parte dos detalhes implícitos de um serviço, garantindo-se o baixo acoplamento do serviço. Com níveis de abstração apropriados, é possível obter informações relevantes para assegurar a fragmentação adequada do problema por meio do contrato de serviço e estabelecer custos e esforços para administrar o serviço de forma mais assertiva.

- **Capacidade de reúso do serviço** – Enfatiza o posicionamento de serviços tendo em vista recursos corporativos que apresentam contextos funcionais agnósticos (com múltiplos propósitos). Ou seja, uma grande quantidade de considerações de design deve ser identificada para garantir que as capacidades individuais do serviço sejam definidas de maneira adequada a um contexto com múltiplos propósitos, viabilizando-se os requisitos necessários ao reúso do serviço, quando pertinente.

- **Autonomia do serviço** – Requer um alto grau de controle sobre o ambiente e os recursos do serviço para que suas capacidades sejam realizadas de forma consistente e confiante. Assim, esse princípio visa classificar as diferentes formas de autonomia do serviço e destacar os riscos associados ao ambiente real de sua implementação. Para tanto, os níveis de isolamento e de normalização do serviço são considerados para alcançar uma medida conveniente de autonomia, com especial atenção àqueles serviços com possibilidade de reúso e altos níveis de compartilhamento.
- **Independência de estado do serviço** – Envolve o gerenciamento das informações em excesso sobre o estado do serviço que podem comprometer sua disponibilidade, prejudicando suas capacidades individuais. Ou seja, os serviços devem ser projetados para manter as informações de estado disponíveis apenas quando forem necessárias.
- **Visibilidade do serviço** – Enfatiza a fácil identificação e o correto entendimento do serviço, considerando-se a qualidade da comunicação e das capacidades individuais do serviço.
- **Composição do serviço** – Requer a composição efetiva do serviço mediante a configuração das ações implícitas a ele relacionadas. Essa configuração envolve a composição de serviços complexos que implicam demandas a serem antecipadas por

meio do design de serviços, com base em várias considerações sobre o projeto do serviço, evitando-se que grandes esforços sejam necessários para a readaptação do serviço.

Com base nesses princípios – originalmente aplicados a serviços de tecnologia da informação –, podemos identificar características fundamentais de design para projetos orientados a serviços. De acordo com Erl (2009, p. 47), podemos observar a interoperabilidade como "subproduto natural da aplicação dos princípios de design de orientação a serviços". A seguir, veremos que áreas de conhecimento como o *marketing* também podem contribuir para a compreensão de projetos orientados a serviços.

1.4 Marketing de serviços

Com base na compreensão sobre o conceito de serviço e suas características e nas considerações sobre projetos orientados a serviços, também podemos relacionar estratégias de *marketing* para melhor planejar serviços. Nesse sentido, temos no *marketing* de serviços uma abordagem a ser considerada, uma vez que essa área considera um conjunto de táticas que ajudam a agregar valor ao serviço, como destaca Daniel Moraes (2018).

Dessa maneira, o *marketing* de serviços está focado em adotar práticas específicas para auxiliar no convencimento dos clientes-usuários e atender às suas expectativas diante dos serviços, de forma a melhorar sua experiência. Os serviços têm muitas características que precisam ser delimitadas antes de se iniciar o planejamento estratégico.

Na sequência, vamos apresentar os componentes estratégicos do *mix* de *marketing* para serviços, com foco na obtenção de direcionamentos úteis a um projeto orientado a serviços sob o viés do design.

1.4.1 Mix de marketing para serviços

Embora seja possível discutir o *mix* de *marketing* no contexto de serviços com base nos 4 Ps (produto, praça, preço e promoção), David Jobber (citado por Ruskin-Brown, 2005) pondera sobre um *mix* estendido para serviços. Assim, é possível obter uma análise mais detalhada dos componentes necessários para o *marketing* de serviços considerando-se cinco componentes adicionais (Mudie; Pirrie, 2006; Ruskin-Brown, 2005):

1. **Processo** – Está relacionado à maneira como o serviço é prestado, aos procedimentos reais envolvidos e ao fluxo de ações do serviço. Tendo em vista que o serviço é uma experiência, o conceito de processo implica gerenciar a experiência do cliente-usuário no ponto de entrega, de tal forma que o provedor de serviços controle os momentos de decisão da melhor maneira possível. Logo, os principais componentes do processo correspondem aos procedimentos (sistemas) e às pessoas (atendimento) envolvidos.

2. **Pessoas** – Esse componente está relacionado à aparência e ao comportamento de quem presta o serviço. Desse modo, corresponde a um componente crítico do *mix* que afeta o provedor de serviços, visto que é necessário selecionar pessoas com aptidões, habilidades e atitudes adequadas ao atendimento do serviço e prosseguir com políticas para capacitação, treinamento, motivação e controle.

3. **Evidências físicas** – Envolvem tudo o que está vinculado ao serviço e que tem algum tipo de interação com os clientes-usuários, de forma a tornar o serviço tangível. Estão relacionadas a evidências como aparência, design, *layout* do conjunto de serviços, materiais gráficos, interfaces gráficas e digitais, sinalização, móveis e equipamentos. Assim, embora o desempenho de um serviço seja intrinsecamente intangível, o cliente-usuário sempre vai associá-lo às evidências físicas desse serviço. É importante, pois, que o *marketing* de serviços ofereça itens tangíveis e os gerencie para comunicar a impressão e a imagem necessárias.

4. **Tempo** – Está relacionado a uma vantagem competitiva considerável no julgamento do serviço com base nos seguintes aspectos: pontualidade, disponibilidade de recursos (foco nos momentos de decisão), duração, velocidade de resposta e velocidade de inovação.

5. **Recursos** – Correspondem ao elemento necessário para manter unidos todos os demais componentes do *marketing* de serviços. Envolvem a disponibilidade de recursos por meio de pessoas, equipamentos, produtos, ações de serviço etc. Portanto, o provedor do serviço precisa criar e adotar estratégias e políticas que garantam a capacidade do serviço em otimizar a correspondência entre demandas e recursos disponíveis, evitando perda de clientes- -usuários valiosos ou um excedente de recursos com alto custo em momentos de baixa procura. Esse componente exige tanta criatividade e inovação quanto os demais.

Por meio do *mix* de *marketing* estendido para serviços, é possível contemplar uma visão mais abrangente do serviço. No entanto, também é necessário considerar relações e diferenças entre bens e serviços, de modo a oferecer uma experiência positiva aos clientes-usuários mediante uma oferta de serviço. É disso que trataremos a seguir.

1.5 Bens, serviços e experiências

Os serviços têm características específicas e podem estar associados tanto a ações intangíveis como a ações tangíveis. Sob esse aspecto, também vimos que a tangibilidade dos serviços está geralmente atrelada a bens que podem ser tocados, sentidos e vistos pelos clientes-usuários, ampliando a percepção deles acerca dos serviços. Sob tal perspectiva, Philip Kotler (2000) considera que bens podem ser associados a ações tangíveis ou produtos que constituem grande parte dos esforços de produção e comercialização por meio de diferentes tipos de serviços. Para o design de serviços, um produto pode ser compreendido como algo que uma empresa oferece, tangível ou não, como destaca Erl (2009).

Nesse sentido, Kotler (2000) observa que as organizações têm concentrado cada vez mais suas atividades na produção de serviços conforme sua economia evolui, visto que muitas ofertas presentes no mercado consistem em um *mix* variável de bens e serviços. Com isso, Kotler admite que a boa relação entre bens, serviços e consumidores pode considerar a criação, a apresentação e a comercialização de experiências.

Desse modo, bens que compõem um serviço podem ser uma parte principal ou secundária daquilo que é ofertado, considerando-se as cinco categorias de mercado que configuram um *mix* de bens e serviços (A natureza..., 2018):

1. **Bens puramente tangíveis** – Não apresentam nenhum tipo de ação de serviço associado ao produto. É o caso de produtos como sabonetes e alimentos industrializados.
2. **Bens tangíveis associados a serviços** – Apresentam ações de serviço associadas ao produto. É o caso de carros, computadores e telefones celulares, que dependem de uma alta qualidade na prestação de serviços ao cliente-usuário, em razão de suas funcionalidades, de seus recursos sofisticados, do alto desempenho envolvido e das ligações tecnológicas.
3. **Híbridos** – Envolvem bens e serviços em um mesmo nível. Os restaurantes são um exemplo, pois os clientes consomem a comida servida (bem, produto) a partir de um serviço prestado.
4. **Serviço principal associado a bens ou serviços secundários** – Varia conforme a oferta de um serviço ou bem principal, tendo um serviço ou bem como recurso secundário. Viagens aéreas, por exemplo, correspondem ao serviço principal, que tem serviços adicionais ou bens de apoio, como a oferta de salgadinhos e bebidas. Apesar de esse serviço requerer um bem com alto investimento de capital (aeronave), o item principal corresponde ao serviço (viagem).
5. **Serviço puro** – Consiste essencialmente em um serviço intangível, como no caso de uma consulta de assistência psicológica ou de uma sessão de massagem.

Adicionalmente, podemos considerar a relação entre Sistema Produto-Serviço (PSS). Segundo Goedkoop et al. (1999 citados por Vezzoli et al., 2018), um PSS é compreendido como um conjunto de produtos e serviços que podem ser comercializados e que, conjuntamente, têm a capacidade de satisfazer as necessidades de um cliente. Em outra definição de PSS, admite-se que um produto tangível pode ser somado a serviços intangíveis concebidos e combinados entre si para satisfazer as necessidades específicas dos clientes (Brandstotter, 2003 citado por Vezzoli et al., 2018). Com isso, entendemos o PSS como um sistema cuja oferta integra produtos e serviços para fornecer valor e a oportunidade de separar o sucesso econômico do consumo de produtos, reduzindo-se o impacto ambiental da atividade econômica (Goedkoop et al., 1999 citados por Vezzoli et al., 2018).

Para atender a uma necessidade, um PSS direcionado à sustentabilidade dos serviços em diferentes níveis pode considerar os seguintes critérios (Vezzoli et al., 2018):

- melhorar as condições das ações do serviço;
- melhorar a relação entre as partes interessadas no serviço (*stakeholders*);
- instrumentalizar o consumo responsável e sustentável;
- favorecer e integrar todas as pessoas (sociedade);
- melhorar a coesão social;
- fortalecer e valorizar os recursos locais.

Independentemente do tipo de relação entre bens e serviços ou das considerações acerca do PSS, cabe observar que a interação entre o cliente-usuário e a oferta sempre resulta em algum tipo de experiência, como veremos nos próximos capítulos.

SÍNTESE

Neste primeiro capítulo, consideramos definições e características para esclarecer o que é serviço e identificamos conceitos para delimitar projetos orientados a serviços. Também relacionamos aspectos sobre o *marketing* de serviços e os componentes do *mix* estendido a serviços para possibilitar uma melhor compreensão sobre as abordagens possíveis na oferta de serviços. Por fim, delimitamos aspectos sobre bens, serviços e experiências, de forma a iniciar uma discussão acerca da experiência a ser projetada para clientes-usuários, à qual daremos sequência no próximo capítulo.

QUESTÕES PARA REVISÃO

1. Qual das alternativas a seguir apresenta as quatro características-chave dos serviços que permitem distinguir suas abordagens, conforme Mudie e Pirrie (2006)?

    a. Tangibilidade, continuidade, variabilidade e oferta.
    b. Intangibilidade, inseparabilidade, invariabilidade e imperecibilidade.
    c. Continuidade, fluidez, processo e oferta.
    d. Intangibilidade, inseparabilidade, variabilidade e perecibilidade.
    e. Tangibilidade, fluidez, variabilidade e perecibilidade.

2. Assinale a alternativa que apresenta corretamente os componentes do *mix* de *marketing* estendido a serviços:

    a. Processo, pessoas, evidências físicas, tempo e recursos.
    b. Produto, praça, preço e promoção.

c. Produto, processo, preço, recursos e pessoas.
d. Processo, produto, pessoas, evidências físicas e promoção.
e. Recursos, pessoas e produto.

3. Sob o viés do design, a palavra *serviço* implica significados mais amplos com base em suas características-chave. Segundo Erl (2009, p. 44), "quando os serviços são consistentemente projetados com essas características comuns, a orientação a serviços é realizada com sucesso em todas as partes de um ambiente". Nesse sentido, o autor destaca a exploração da capacidade de reúso em design de serviços a partir de projetos orientados a serviços de forma sistêmica (que considera todo o contexto de um problema, como veremos nos próximos capítulos). Assinale a alternativa que não esteja alinhada a esse pensamento:

a. Os serviços consistem em coleções de capacidades que podem ser agrupadas em um contexto funcional estabelecido por meio de um projeto orientado a serviços.
b. A orientação a serviços é vista como paradigma de design, cuja abordagem é direcionada à solução.
c. Em design de serviços, um problema maior deve ser fragmentado em partes menores, de forma a delimitar capacidades, agrupando-as em coleções de capacidades.
d. O design de serviços adota práticas específicas para auxiliar no convencimento dos usuários e atender às suas expectativas diante dos serviços, de forma a melhorar sua experiência.
e. Os serviços apresentam características específicas e estão associados apenas a ações tangíveis.

4. Bens puramente tangíveis correspondem àqueles que não apresentam nenhum tipo de ação de serviço associado ao produto. Assim, tendo em vista essa breve definição, escolha um bem puramente tangível que você utilize diariamente e descreva-o em detalhes, considerando sua experiência.

5. Um serviço puro consiste essencialmente em um serviço intangível, como é o caso de uma consulta de assistência psicológica ou de uma sessão de massagem. Dada a intangibilidade do serviço, como o usuário o percebe e se relaciona com ele? Descreva ou liste possibilidades, considerando as características-chave do serviço. Utilize um serviço como exemplo.

QUESTÕES PARA REFLEXÃO

1. Considere uma oferta de serviço que você acessa diariamente. Com base nos conteúdos abordados neste capítulo, procure esboçar as características desse serviço. Em seguida, delimite a ocorrência dos cinco elementos do *mix* de *marketing* estendido nesse serviço, considerando as seguintes perguntas como direcionamento:

   a. Qual é o processo envolvido na entrega desse serviço? Considere procedimentos (sistemas) e pessoas (atendimento) envolvidos.

   b. Quais são as características e as qualidades esperadas para as pessoas contratadas para prestar esse serviço?

   c. Com quais evidências físicas e tangíveis os clientes-usuários interagem desde antes do contato inicial até a entrega do serviço?

d. Que componentes relacionados ao tempo estão envolvidos na prestação desse serviço?

e. Quais são os recursos essenciais para a entrega e para o desempenho desse serviço? Com que frequência você acha que a escassez de recursos pode prejudicar a qualidade do serviço prestado ou restringir o que o serviço pode oferecer? Caso haja algum excedente de recursos para atender às necessidades do serviço, esse excedente gera um alto custo que implique improdutividade do serviço durante momentos de baixa demanda?

A organização dessas informações em uma tabela pode ser útil para avaliar cada um dos cinco elementos identificados para o *mix* de *marketing* estendido. Em seguida, atribua uma nota de 0 a 20 pontos a cada uma das perguntas, para avaliar o quão bem o serviço está se saindo no momento. Se a pontuação total da tabela for inferior a 60, reflita sobre o que pode ser feito para melhorar o serviço. Se a pontuação for igual a 85 ou superior, repita a análise e seja mais crítico. Em ambos os casos, continue estudando e refletindo sobre as possibilidades desse serviço e verifique a aplicação dos conteúdos abordados até aqui.

2. Desenvolver projetos orientados a serviços implica o reconhecimento de que "os objetos ao nosso redor não são produtos, e sim avatares de serviços, pois, no final das contas, o serviço que o objeto presta é o que realmente importa. O serviço que ele oferece constitui a verdadeira fonte de valor", como destaca Tenny Pinheiro (2015, p. 43). Segundo esse autor, podemos entender as ofertas de um serviço como a personificação do serviço. Pinheiro revela

que utiliza esse termo (avatar) – de origem hindu – com base em seu significado, que está relacionado a um tipo de recipiente tangível que representa uma entidade intangível. Assim, quando relacionamos as perspectivas do produto a serviços, mudamos o foco do produto para o serviço que ele realmente oferece. Você já havia pensado sobre produtos e serviços dessa forma? Concorda com essa analogia proposta por Tenny Pinheiro? É possível considerar essa perspectiva para qualquer tipo de produto e serviço? Escolha um serviço que utilize diariamente e descreva-o por meio de um avatar.

3. O Sistema Produto-Serviço (PSS) confere uma oportunidade para unir sustentabilidade e coesão social. No entanto, Vezzoli et al. (2018) ponderam que boa parte dos serviços contemporâneos são ética e socialmente sustentáveis. Considerando uma rede de *fast-food*, por exemplo, o que você percebe a respeito das relações éticas e sociais envolvidas? São sustentáveis? Como você analisa a relação PSS nesse caso, tendo em vista os critérios de sustentabilidade? Confira os critérios de sustentabilidade para PSS apresentados neste capítulo, reflita sobre a situação descrita por meio do exemplo dado e relacione os aspectos positivos e negativos identificados.

PureSolution/Shutterstock

Capítulo 2

A EXPERIÊNCIA RESULTANTE DA INTERAÇÃO COM SERVIÇOS

Conteúdos do capítulo:
- Conceito de experiência.
- Criação e direcionamento de experiências em serviços.
- Criação de valor por meio de serviços.

Após o estudo deste capítulo, você será capaz de:
1. reconhecer conceitos e abordagens sobre o que é experiência, com foco no usuário;
2. mapear e projetar experiências direcionadas a serviços;
3. delimitar experiências e criar valores por meio de serviços, considerando ferramentas para visualizar recursos e benefícios aos usuários.

No primeiro capítulo, reconhecemos as pessoas que consomem ou usufruem um serviço como clientes-usuários, uma vez que alguns dos autores consultados se referem a esse público como *clientes* e outros – mais relacionados à área do design – o tratam como *usuários*. Considerando a atuação no design de serviços, adotaremos a partir de agora o termo *usuário* para nos referirmos ao consumidor ou ao cliente de serviços.

Nesse sentido, como vimos anteriormente, todo serviço está relacionado a uma experiência e, portanto, a essência de projetos orientados a serviços consiste na gestão da experiência do usuário em todos os momentos de sua jornada diante de um serviço (Ruskin-Brown, 2005). Nessa perspectiva, toda experiência de um usuário com um serviço é resultante de interações por meio de diferentes pontos de contato com esse serviço. Assim, os aspectos tangíveis e intangíveis dos serviços devem ser reconhecidos e mapeados para que seja possível estabelecer a melhor experiência para o usuário e criar relações de valor mais robustas. É esse assunto que discutiremos neste capítulo.

2.1 O que é experiência

Quando começamos nossa investigação sobre serviço, no capítulo anterior, buscamos em sua definição literal significados para relacioná-lo ao que estamos estudando em design de serviços. De igual forma, vamos iniciar nossa discussão acerca do que é experiência pela literalidade do significado do termo. Segundo o *Dicionário Priberam* (Experiência, 2021b), a palavra *experiência* apresenta os seguintes significados: "1. Ato de experimentar. 2. Ensaio. 3. Tentativa. 4. Conhecimento adquirido por prática, estudos, observação etc.; experimentação". Já em uma busca rápida no Google (Experiência, 2021a), o termo *experiência* é definido como "qualquer conhecimento obtido por meio dos sentidos".

Tendo essas definições como ponto de partida, já podemos iniciar nossas reflexões direcionadas ao design de serviços. Para Fabrício Teixeira (2017, p. 22), "experiências são, obviamente, subjetivas", visto que cada pessoa vai ter uma experiência particular mediante o uso de produtos e as interações com serviços. Assim, Teixeira (2017) descreve que a experiência de cada pessoa é influenciada por fatores particulares aos seres humanos (sentidos, emoções, habilidades motoras, habilidades e capacidades cognitivas etc.) – e por fatores externos (tempo, ambiente, situações etc.). A partir do reconhecimento dos principais fatores envolvidos, o designer de serviços pode projetar experiências apesar de sua subjetividade.

Considerando tal subjetividade, Jim Kalbach (2017) observa que o termo *experiência* pode ser compreendido conforme as seguintes abordagens:

- **Holística** – A noção de uma experiência é naturalmente ampla e isso inclui ações, pensamentos e sentimentos acumulados com o passar do tempo.
- **Pessoal** – Uma experiência não é uma propriedade de um produto ou serviço, mas de uma percepção subjetiva, relativa a cada pessoa.
- **Situacional** – As experiências são diferentes entre si conforme as situações e os contextos em que ocorrem, pois as circunstâncias conduzem a experiências com mais de uma disponibilidade de interação.

Com base nos sentimentos vivenciados, é possível ter uma noção dos aspectos emocionais do usuário resultantes de sua experiência em serviços. Tomamos como fundamentação teórica para orientar nossa discussão o design emocional, proposto por Donald Norman. Segundo Vera Damazio e Claudia Mont'Alvão (2008), no prefácio da edição brasileira do livro *Design emocional: por que adoramos (ou detestamos) os objetos do dia a dia*, escrito por Norman, o design projeta emoções na intenção de proporcionar experiências agradáveis aos usuários.

Para Norman (2008), as emoções das pessoas não podem ser separadas da maneira como processam mentalmente as informações recebidas e percebidas do ambiente, por meio dos sentidos. É com base nessa combinação que as pessoas julgam e tomam decisões sobre a realidade, definindo para si aquilo que é bom ou ruim, seguro ou inseguro. Assim, as emoções guiam as pessoas em seus comportamentos e pensamentos, afetando sua tomada de decisão e determinando o modo como interagem com outras pessoas, produtos e, também, serviços.

Norman (2008) sugere que as pessoas são guiadas emocionalmente de acordo com três níveis de processamento cognitivo, também denominados *níveis de design emocional*:

1. **Visceral** – Trata-se de um nível de processamento cognitivo subconsciente, gerando respostas automáticas do indivíduo diante de uma situação. Com isso, a resposta às situações é pautada basicamente pelos sentidos, principalmente pela visão, que é acionada pela aparência dos objetos. Dessa forma, o cérebro processa e avalia rapidamente uma situação. De acordo com Norman (2013), respostas viscerais importam e afetam a experiência dos usuários significativamente.

2. **Comportamental** – É um nível de processamento cognitivo subconsciente, mas que gera respostas baseadas em um comportamento já reconhecido em experiências anteriores do indivíduo diante de uma situação. Assim, as respostas às situações também são processadas rapidamente, tendo por base o processamento cognitivo de atividades automatizadas pautadas por habilidades previamente aprendidas e vivenciadas pelas pessoas em outras situações. Norman (2013) observa que cada ação está associada a uma expectativa.

3. **Reflexivo** – Caracteriza-se por ser um nível de processamento cognitivo consciente, possibilitando que o indivíduo contemple a situação para, então, atuar sobre a realidade. Esse tipo de processamento tem por base o aprendizado de novos conceitos e generalizações sobre o ambiente. Com isso, envolve um profundo conhecimento e análise do ambiente para cada tomada de decisão, considerando respostas reflexivas resultantes de memórias relacionadas a eventos anteriores. Nesse nível, a emoção produzida é a mais prolongada. Segundo Norman (2013, p. 53, tradução nossa), o nível reflexivo pode ser considerado como o mais importante nível de processamento cognitivo, visto que "emoção e cognição estão intimamente ligadas".

Diante desse contexto inicial, o designer de serviços pode compreender que é possível direcionar a experiência do usuário por meio de conceitos delimitados pelo design de experiências.

2.2 Aspectos da experiência do usuário

A experiência do usuário (*User Experience* – UX), em geral, é criada mediante as interações e percepções estabelecidas entre as pessoas e os produtos e serviços que elas utilizam, como descreve Leah Buley (2013). Segundo Buley, a criação do termo *User Experience* é atribuída a Donald Norman – psicólogo cognitivo –, quando se juntou à equipe da Apple na década de 1990.

Cristina Portugal (2013) complementa a definição especificando que a experiência do usuário corresponde à qualidade subjetiva percebida pelos usuários em relação a um produto, sistema ou serviço e que está associada a momentos de interação (antes, durante e depois) entre ambos. Adicionalmente, Portugal (2013) observa que a experiência do usuário é consequência da interação e envolve um conjunto de sensações, valores e conclusões decorrentes do uso. Com isso, qualidades como utilidade, acessibilidade e confiabilidade devem ser consideradas para fornecer pontos importantes que gerem experiências proveitosas, encontráveis, aproveitáveis e valiosas ao usuário (Morville, 2005 citado por Portugal, 2013).

Dessa forma, Portugal (2013) destaca que a experiência do usuário inclui emoções, crenças, preferências, percepções, comportamentos, realizações, respostas físicas e psicológicas, resultantes da interação com produtos, sistemas e serviços. É desse tema que trataremos a seguir.

2.2.1 Aspectos de interação para a experiência do usuário

Segundo Jennifer Preece, Yvonne Rogers e Helen Sharp (2013), as formas de interação humana têm se ampliado, gerando possibilidades diversas de experiência por meio de diferentes modos de interação, como os indicados a seguir:

- **Interações sociais** – As relações pessoais envolvem a comunicação com outros seres humanos, seja presencial, seja mediada por diferentes meios digitais, como no caso de mensagens de voz, texto e vídeo e nas redes sociais. Assim, as interações sociais envolvem a compreensão sobre como as pessoas se comunicam e colaboram entre si profissional, social e cotidianamente por meio de:
  › conversações presenciais – face a face;
  › mecanismos de percepção (considerando-se o entorno físico dos indivíduos), que permitem captar conversas paralelas entre outras pessoas em um mesmo ambiente;
  › interfaces compartilháveis, mediante tecnologias projetadas para que indivíduos explorem e interajam simultaneamente com um conteúdo em um mesmo ambiente;
  › conversações remotas mediadas de forma síncrona por aparelhos e meios digitais que permitem a interação entre as pessoas a distância, como chamadas por telefone, mensagens instantâneas por texto e áudio e videochamadas;
  › copresença mediada de forma síncrona (em tempo real) por plataformas digitais que permitem a interação entre as pessoas a distância, como *smartboards* (quadros *online* colaborativos) e interfaces interativas (Google Docs);

> fenômenos sociais emergentes que envolvem a maneira como os indivíduos têm utilizado tecnologias móveis para compartilhar informações e situações cotidianas com outras pessoas.

* **Interações emocionais** – As relações envolvem as experiências dos indivíduos com o ambiente em que vivem por meio de pessoas, lugares, objetos e situações. Concentram-se na forma como os indivíduos sentem e reagem ao interagir com o ambiente em que vivem. Com isso, abrangem diferentes aspectos da experiência do usuário e tratam das razões pelas quais as pessoas se sentem emocionalmente ligadas a determinados produtos, considerando-se aspectos como:
  > interações expressivas, que envolvem respostas por meio de mensagens sensoriais que fazem com que os usuários se sintam à vontade, confortáveis e felizes, como no caso do uso de *emoticons*, sons, assistentes (virtuais ou funcionários), mensagens de apoio etc.;
  > interações frustrantes, que provocam reações negativas entre os usuários, como raiva e aversão; como exemplos, podemos citar a possibilidade de o usuário não encontrar ou não realizar o que deseja, o fato de o produto, sistema ou serviço não corresponder às expectativas, a falta de informação, mensagens vagas ou confusas e o excesso de tarefas;
  > interações persuasivas e mudanças de comportamento que envolvem tecnologias e estratégias para chamar a atenção das pessoas para certos tipos de informação, como mensagens de aviso, lembretes, *pop-ups*, mensagens personalizadas e recomendações;

> antropomorfismo, que caracteriza a propensão que as pessoas têm para atribuir qualidades humanas a animais e objetos, como o uso de mascotes para que o usuário interaja com produtos, sistemas ou serviços, por exemplo;

> zoomorfismo, em que a modelagem de um objeto é projetada em forma de animal para promover algum tipo de interação emocional com usuários.

- **Interações humano-computador** – Estão relacionadas à comunicação e às experiências do indivíduo com meios digitais mediados por um sistema computacional.

Conforme Preece, Rogers e Sharp (2013), toda interação envolve troca e experiências entre as partes envolvidas, que devem ser analisadas de acordo com a maneira como as pessoas interagem entre si e com produtos, sistemas ou serviços. Aqui, vamos concentrar nossa discussão na experiência como resultado da interação com serviços.

2.3 Criação e direcionamento da experiência resultante da interação com serviços

Quando pensamos no usuário diante de um produto, temos a noção clara de que o fabricante desse produto tem pouco controle sobre a relação deste com o usuário após a aquisição, como observa Ian Ruskin-Brown (2005). Por outro lado, a experiência do usuário diante de um serviço pode ser acompanhada e assessorada pelo prestador do serviço na presença do usuário ou por meio de outro ponto de contato em diferentes momentos de interação. Com isso, Ruskin-Brown (2005) reforça a importância de se direcionar a experiência com serviços, visto que a percepção do usuário sobre essa experiência é um aspecto bastante crítico a se considerar.

Nesse contexto, é preciso destacar que percepções favoráveis obtidas na experiência dos usuários com determinados serviços criam e constroem relacionamentos positivos, da mesma forma que experiências desfavoráveis resultam em relacionamentos negativos. Tendo isso em vista, podemos relacionar esse aspecto da experiência à expressão *Moment of True* (MoT), ou seja, "momento da verdade", definida por Jan Carlzon, da Scandinavian Airlines System (Ruskin-Brown, 2005, p. 141, tradução nossa). Segundo Ruskin-Brown (2005), durante o MoT, todo o esforço realizado para entregar um serviço pode se concretizar ou se perder na relação com a experiência dos usuários, ou seja, se não houver uma experiência significativa sob a percepção do usuário, não haverá um relacionamento positivo.

Adicionalmente, Marc Stickdorn et al. (2020) ressaltam que é importante filtrar as camadas de percepção do usuário, considerando-se seu comportamento, sua experiência (*expertise*), os processos e os sistemas envolvidos nos serviços e, também, as ferramentas oferecidas pelo prestador do serviço. Assim, o usuário só percebe as soluções por meio dessas camadas, começando sempre pela camada mais externa, conforme ilustrado na Figura 2.1.

Figura 2.1 – **Camadas da experiência do usuário resultantes das ofertas do serviço**

EXPERIÊNCIA DO CLIENTE
COMPORTAMENTO
EXPERTISE NO ASSUNTO
PROCESSOS
SISTEMAS E FERRAMENTAS

OFERTAS

Fonte: Stickdorn et al., 2020, p. 3.

Considerando essas camadas, Stickdorn et al. (2020) defendem que o usuário terá uma boa percepção da oferta do serviço se a interação com cada uma das camadas contribuir positivamente com sua experiência. Ou seja, funcionários desinteressados e mal informados, sistemas muito complexos ou incompletos e outras relações negativas da interação podem resultar em uma experiência desagradável e pouco valiosa, que, consequentemente, frustra o usuário e faz com que ele desista do serviço. Assim, "somos mais influenciados pelas camadas da experiência que estão em torno da oferta principal do que pela oferta principal em si" (Stickdorn et al., 2020, p. 4).

Resumidamente, Ruskin-Brown (2005) afirma que a percepção do usuário sobre o serviço é formada mediante sua própria experiência e não sob a ótica de quem fornece o serviço. Dessa forma, todo o esforço do design de serviços deve ser direcionado à experiência do usuário, a fim de gerenciar as percepções e as perspectivas do usuário diante do serviço oferecido. Para tanto, boa parte do planejamento em design de serviços deve ser orientada à garantia de que o desempenho do serviço resulte na experiência ideal para o usuário, de modo que ele recomende e compartilhe suas experiências positivas com o serviço oferecido ao maior número possível de outros usuários, expandindo espontaneamente o alcance do serviço. Mas como definir e gerenciar a experiência do usuário com serviços? É o que vamos discutir a seguir.

2.4 Como definir experiências

De acordo com Kalbach (2017), existe um padrão de volatilidade transicional entre os pontos de interação com um usuário diante de um serviço. Segundo esse autor, tal padrão de interação consiste em uma sequência de ações que envolvem o fato de que o usuário se habitua a um ambiente ou uma situação, cria uma expectativa sobre o próximo ponto de contato – prevendo o que pode acontecer – e se ajusta a uma nova posição, de forma a se reorientar diante da interação. Em seguida, o padrão se repete conforme novos pontos de contato vão surgindo durante essa interação, como indicado na Figura 2.2.

Figura 2.2 – **Padrão de volatilidade transicional entre os pontos de interação**

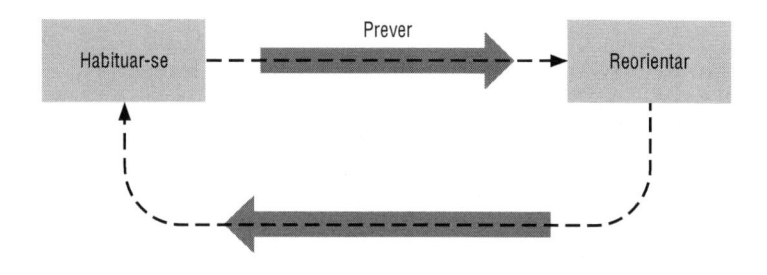

[Figura: diagrama com três caixas — "Habituar-se", "Prever" e "Reorientar" — indicando o fluxo de volatilidade transicional entre os pontos de interação]

Fonte: Kalbach, 2017, p. 19.

Com base nesse padrão, entendemos que há sempre um momento de reorientação do usuário ao interagir com cada ponto de contato, mesmo que seja de forma breve. No entanto, Kalbach (2017) pondera que, se houver reorientações em excesso, a experiência poderá ficar desconectada da interação. Logo, o ideal é que seja mantido um grau de volatilidade transicional mediano entre os pontos de contato de interação, de modo a evitar que surjam inconsistências entre esses pontos de contato.

Assim, conforme Kalbach (2017), um serviço não pode deixar lacunas entre seus pontos de contato, pois preenchê-las não é uma tarefa que compete ao usuário, e sim ao prestador do serviço. O mapeamento da experiência possibilita a localização dessa volatilidade transicional, prevendo um sistema de interações capaz de oferecer soluções inovadoras. É isso o que veremos a seguir.

2.4.1 Mapeamento da experiência

Ao considerar o mapeamento da experiência na interação com serviços, Tenny Pinheiro (2015, p. 73) observa que o usuário geralmente "muda e distorce o significado da experiência para melhor acomodá-la e alinhá-la com seus modelos mentais atuais". Em outras palavras, o usuário interage com pontos de contato dos serviços, se habitua a eles e se reorienta a partir deles e de suas expectativas até se deparar com outro ponto de contato, como a entrega do serviço.

De acordo com Pinheiro (2015), esses modelos mentais representam a maneira como a pessoa percebe o ambiente que a rodeia por meio de seus sentidos e como processa cognitivamente as informações recebidas. Assim, os mapeamentos da jornada do usuário resultam diretamente do processamento cognitivo deste. Contudo, Pinheiro (2015) destaca que essa jornada não pode ser mapeada por completo apenas com o uso de ferramentas que analisam os processos envolvidos no serviço, pois, antes, é preciso analisar a jornada da experiência considerando-se como o usuário processa as informações, de forma a aprender, utilizar e lembrar esses itens constantemente durante o processo de interação com o serviço.

Assim, é importante que sejam observados todos os fatores que participam em maior ou menor grau da experiência do usuário para serem delimitados aqueles em que o serviço precisa se concentrar, evitando-se experiências inúteis ou negativas, mesmo que além do controle do prestador do serviço (Kalbach, 2017). Portanto, o mapeamento da experiência deve ser coerente em sua concepção e no design de todo o sistema, resultando em um sistema equilibrado para o prestador do serviço e fornecendo ações controladas pelo próprio usuário para modelar suas experiências.

Mapas e diagramas são ferramentas muito úteis para se obter uma visão geral e sistemática das experiências a serem criadas por meio de serviços. Dessa forma, Kalbach (2017) recomenda que o prestador do serviço e sua equipe trabalhem de forma cooperativa para mapear visualmente as experiências dos usuários, promovendo a coerência de sua concepção e evitando qualquer volatilidade transicional negativa. Nesse contexto, o designer de serviços pode empregar diferentes abordagens para mapear experiências em serviços, desde que alguns aspectos universais sejam considerados (Kalbach, 2017):

- estruturar todos os esforços envolvidos no serviço de forma clara desde o início do mapeamento, determinando ponto de vista, escopo, foco e estrutura, juntamente com a definição do tipo de abordagem a ser utilizada;
- identificar todos os pontos de contato presentes no serviço, juntamente com o MoT, quando o usuário toma decisões importantes com base na percepção (positiva ou negativa) do serviço;
- concentrar-se na criação de valor, utilizando o mapa para propor melhorias e inovações diante do serviço.

Mas qual abordagem o designer de serviços deve utilizar para o mapeamento de experiências? Segundo Kalbach (2017), o ponto de partida é a seleção do tipo de mapeamento (Figura 2.3), conforme o foco da análise da interação com o serviço.

Figura 2.3 – **Abordagens para o mapeamento da experiência do usuário**

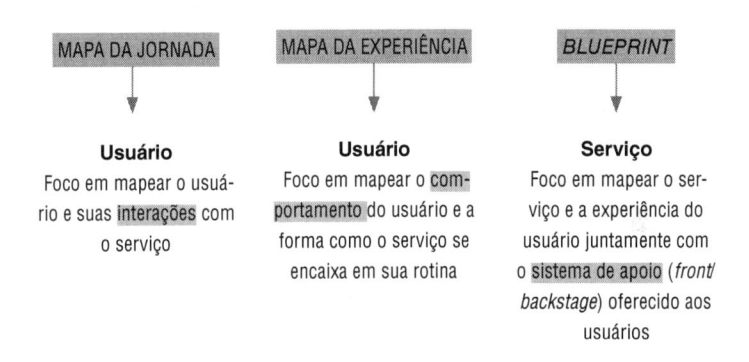

MAPA DA JORNADA	MAPA DA EXPERIÊNCIA	BLUEPRINT
Usuário	**Usuário**	**Serviço**
Foco em mapear o usuário e suas interações com o serviço	Foco em mapear o comportamento do usuário e a forma como o serviço se encaixa em sua rotina	Foco em mapear o serviço e a experiência do usuário juntamente com o sistema de apoio (*front/backstage*) oferecido aos usuários

Fonte: Elaborado com base em Kalbach, 2017.

Kalbach (2017) esclarece que esses tipos de mapeamento se baseiam em etapas da interação (antes, durante e depois) e, portanto, são cronológicos. Têm forma e uso semelhantes, porém apresentam diferentes pontos de vista, enquanto os demais aspectos do mapeamento são bastante semelhantes, como ilustra a Figura 2.4.

Figura 2.4 – **Mapeamento de experiências e serviços**

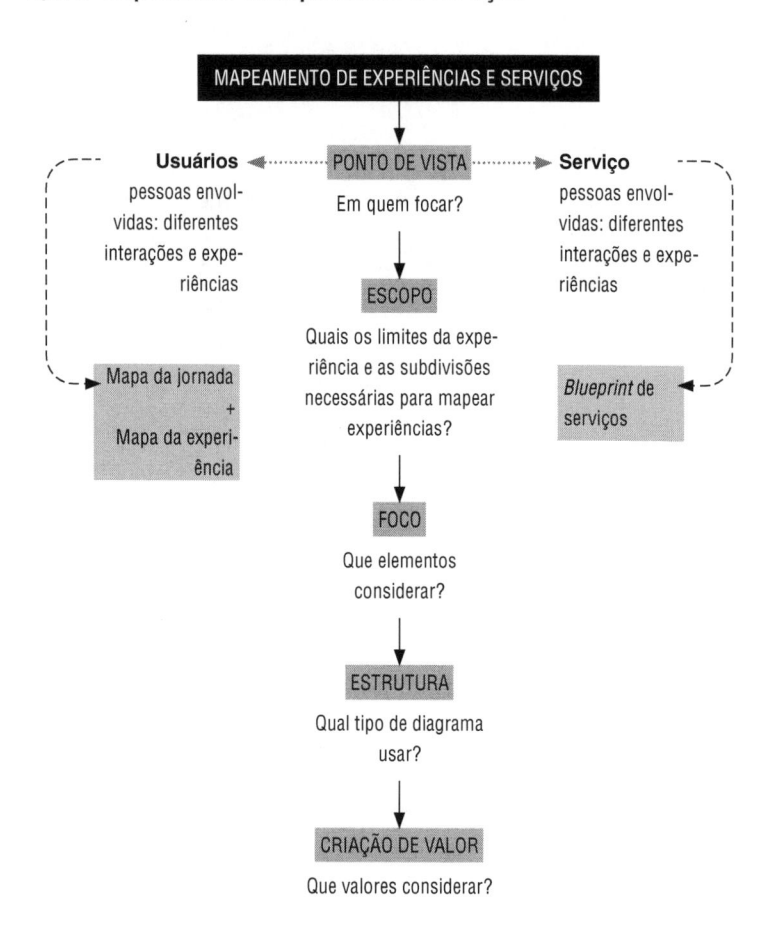

MAPEAMENTO DE EXPERIÊNCIAS E SERVIÇOS

Usuários
pessoas envolvidas: diferentes interações e experiências

Mapa da jornada
+
Mapa da experiência

PONTO DE VISTA
Em quem focar?

ESCOPO
Quais os limites da experiência e as subdivisões necessárias para mapear experiências?

FOCO
Que elementos considerar?

ESTRUTURA
Qual tipo de diagrama usar?

CRIAÇÃO DE VALOR
Que valores considerar?

Serviço
pessoas envolvidas: diferentes interações e experiências

Blueprint de serviços

Fonte: Elaborado com base em Kalbach, 2017.

Assim, os principais aspectos a serem considerados pelo designer de serviços ao mapear serviços e experiências são os seguintes (Kalbach, 2017):

- **Ponto de vista** – Delimita o que é o serviço com base em pessoas envolvidas e em que tipo de experiência focar. Para tanto, é necessário que sejam observados os diferentes tipos de experiências dos usuários para selecionar o tipo de mapeamento a ser utilizado:
  › comportamento de interação – identificar como os usuários se comportam inicialmente, considerando-se como chegam ao serviço e quais as razões envolvidas para utilizá-lo; um mapa da jornada do usuário pode ser útil para esse fim.
  › consumo de informações – identificar como os usuários processam e consomem as informações obtidas por meio da interação com diferentes pontos de contato do serviço; um mapa da jornada do usuário pode ser útil para esse fim.
  › vida diária – identificar como o serviço se encaixa na rotina do usuário, de que forma e quando o usuário se relaciona com o serviço; um mapa da experiência do usuário pode ser útil para esse fim.
- **Escopo** – Envolve a compensação entre alta amplitude e baixa profundidade do sistema de ações e dos pontos de contato envolvidos no serviço. Nesse caso, um mapa da experiência fornece uma visão geral, porém não apresenta detalhes da experiência como em um *blueprint* (ferramenta para mapeamento de um serviço já existente ou para a prospecção de um novo serviço, como veremos nos próximos capítulos), pois o escopo tem como foco o mapeamento de interações específicas.

Assim, o escopo contempla os limites da experiência e as subdivisões necessárias para permitir uma noção da experiência por completo.

- **Foco** – Envolve o mapeamento de experiências considerando-se diferentes elementos para o usuário e para o serviço:
  > elementos da experiência para o usuário – físico (artefatos, ferramentas e dispositivos), comportamental (ações, atividades e tarefas), cognitivo (pensamentos, visões e opiniões), emocional (sentimentos, desejos e estado de espírito), necessidades (objetivos, resultados e trabalhos a realizar), desafios (pontos críticos, limites e barreiras), contexto (cenário, ambiente e local), cultura (crenças, valores e filosofia) e eventos (gatilhos, momentos de verdade e pontos de falha);
  > elementos da experiência para o serviço – pontos de contato (meios, dispositivos e informações), oferta (produtos, serviços, sistemas e recursos), processos (atitudes e fluxo de trabalho), desafios (problemas, questões e paralisações), operações (funções, departamentos e estruturas), métrica (tráfego, finanças e estatística), avaliação (pontos fortes, pontos fracos e aprendizagens), oportunidades (lacunas, fraquezas e redundâncias), objetivos (rendimento, economias e reputação) e estratégia (política, design e princípios).
- **Estrutura** – Consiste em escolher um tipo de diagrama para organizar visualmente as informações sobre a experiência, levando-se em conta os seguintes tipos de representações gráficas: cronológico (tempo, sequência, fases etc.), hierárquico (simultaneidade e hierarquia de informações), espacial (espaços físicos em que ocorrem interações) e estrutura em

rede (inter-relações). É importante observar que a estrutura contempla *layout* (qual tipo de representação gráfica), conteúdo (quais informações incluir no diagrama) e design (como o *layout* está claramente representado por meio de textos, imagens e esquemas).

Dessa forma, o mapeamento de experiências envolve a delimitação de vários aspectos. Entre eles, destacamos os pontos de contato, que correspondem a evidências físicas e ações ofertadas pelo serviço. Os pontos de contato estabelecem pontes entre os usuários e o prestador de serviços, podendo ser de três tipos (Kalbach, 2017):

1. **Estáticos** – Consistem em ofertas utilizadas na interação com os serviços, mas que não permitem interação com os usuários, pois apenas apresentam informações ou sinalizam situações do serviço. Como exemplos, podemos citar panfletos, anúncios e *e-mails*.
2. **Interativos** – Consistem em ofertas utilizadas na interação com os serviços que permitem diferentes formas de interação com os usuários, tais como *sites*, aplicativos e máquinas.
3. **Humanos** – Consistem em ofertas utilizadas na interação com os serviços por meio de pessoas, como atendentes, funcionários e vendedores.

Segundo Chris Risdon, citado por Kalbach (2017), os pontos de contato são pontos de interação que envolvem necessidades específicas do usuário em um momento e lugar específicos. É a soma dos pontos de contato e suas conexões que caracteriza a interação entre usuários e serviços, gerando "conexões certas na rede e suas partes, ao invés de criar sistemas, ferramentas e serviços fechados e autossuficientes", como esclarece Gianluca Brugnoli, citado por Kalbach (2017, p. 31). Kalbach (2017) conclui que a criação de valor em nosso contexto contemporâneo vai envolver cada vez mais essas conexões mediante sistemas de experiências. Desse modo, o designer de serviços precisa estabelecer a criação de valor para serviços por meio de experiências. É desse tema que trataremos a seguir.

2.5 Criação de valor

A criação de valor bem-sucedida está diretamente relacionada à entrega de valor bem-sucedida, como destacam Philip Kotler e Kevin Keller (2006). De acordo com esses autores, a visão holística e sistêmica dos profissionais que projetam experiências com serviços é fundamental para se obter uma perspectiva de rede de valor para serviços. Nesse sentido, em vez de limitar o foco do serviço a fornecedores, distribuidores e clientes imediatos, a criação de valor considera toda a cadeia de suprimentos, que conecta matérias--primas, componentes e produtos manufaturados, indicando como eles se movem em direção aos usuários finais. Assim, Kotler e Keller (2006) destacam a necessidade de o designer de serviços examinar os segmentos de usuários e investigar como os recursos do serviço podem ser mais bem organizados para atender às necessidades desses usuários. Consequentemente, a falha em coordenar a rede de valor de forma adequada pode ter consequências muito negativas.

Como observamos anteriormente, o uso de diagramas e representações visuais ajuda o designer de serviços a entender a natureza subjetiva do conceito do mapeamento de experiências. No entanto,

Kalbach (2017) destaca a necessidade de alinhar os valores dos serviços à experiência que se deseja gerar. Para que os valores de um serviço estejam alinhados à experiência dos usuários, conforme as diretrizes adaptadas de Kalbach (2017) listadas a seguir, é importante para o designer de serviços:

- Ter empatia – É necessário identificar as ofertas do serviço de fora para dentro, considerando-se a perspectiva do usuário pautada por suas expectativas e emoções.
- Trabalhar de forma coletiva e cooperativa – É preciso alinhar as funções internas dentro das equipes e em diferentes níveis de trabalho, ou seja, a partir dos bastidores do serviço, pois afetam o que o usuário realmente vê quanto ao serviço.
- Criar visualizações sistêmicas do serviço – Os profissionais envolvidos nos bastidores devem visualizar e captar todas as relações entrelaçadas entre as ofertas do serviço (o uso de diagramas e ferramentas de visualização é recomendado para facilitar essa tarefa).

Com base nas abordagens discutidas até este ponto, percebemos que o valor constitui um benefício percebido, como conclui Kalbach (2017). Porém, essa percepção é de natureza subjetiva, variando conforme os diferentes tipos de benefícios notados pelos usuários (Kalbach, 2017), tais como:

- funcionais – relacionados à capacidade de realizar algo;
- sociais – relacionados à interação entre pessoas, com ênfase no estilo de vida e na convivência;

- emocionais – relacionados à ênfase nos sentimentos ou nas respostas afetivas diante do serviço;
- epistêmicos – relacionados ao sentimento de curiosidade ou ao desejo de aprender;
- condicionais – relacionados a benefícios que dependem de situações ou de contextos específicos.

Além dos tipos listados, Nathan Shedroff (2014 citado por Kalbach, 2017, p. 35) reconhece o "valor *premium*", que consiste em benefícios que ultrapassam a inovação e a satisfação diante dos benefícios de um serviço. Segundo essa perspectiva, "os produtos e serviços que fornecem experiências significativas nos ajudam a entender o mundo e nos dão uma identidade pessoal" (Shedroff, 2014 citado por Kalbach, 2017, p. 35). Steve Diller, Nathan Shedroff e Darrel Rhea (2005 citados por Kalbach, 2017) identificam 15 tipos de valor *premium* associados às ofertas de um serviço e que afetam a maneira como os usuários se relacionam ou passam a se identificar com um serviço:

1. realização – relacionada ao sentimento de orgulho em alcançar objetivos;
2. beleza – relacionada à apreciação dos atributos estéticos que conferem satisfação ao usuário por meio dos sentidos;
3. comunidade – relacionada ao sentimento de conexão com outras pessoas;
4. criação – relacionada à satisfação em ter realizado e produzido algo;
5. tarefa – relacionada à satisfação em ter cumprido uma responsabilidade conferida;

6. esclarecimento – relacionado à satisfação em aprender um assunto;
7. liberdade – relacionada ao sentimento de viver sem que haja limitações;
8. harmonia – relacionada à satisfação de obter equilíbrio com todas as partes e situações envolvidas no serviço;
9. justiça – relacionada à segurança de um tratamento justo e correto para o usuário em relação ao serviço;
10. unidade – relacionada ao sentimento de unificação entre os usuários e a todos os elementos envolvidos no ambiente do serviço;
11. redenção – relacionada à libertação de falhas e inconsistências vivenciadas em outros momentos;
12. segurança – relacionada à tranquilidade do usuário em não se preocupar com perdas e instabilidades associadas ao serviço;
13. verdade – relacionada ao comprometimento com a integridade e a honestidade das relações entre usuário e serviço;
14. validação – relacionada ao reconhecimento de que o serviço corresponde à verdade das funcionalidades e promessas apresentadas aos usuários;
15. surpresa – relacionada à possibilidade de experimentar algo além das expectativas e da compreensão do usuário.

Desse modo, ao considerarmos que cada usuário tem uma perspectiva própria de consumo diante das ofertas apresentadas por diferentes serviços, percebemos também que diferentes usuários têm necessidades diferentes durante a interação com serviços. Para melhor compreendermos tais diferenças a partir da perspectiva dos usuários, podemos relacionar algumas categorias de consumidores, associadas aos diferentes tipos de consumo e aos valores criados por meio de serviços. Conforme a classificação de Paul Nunes e Frank Cespedes (2003 citados por Kotler; Keller, 2006), para enquadrar compradores sob o viés do *marketing*, o designer de serviços pode identificar os usuários com base nas seguintes categorias de consumo, conforme as ofertas de um serviço:

- **Usuários habituais** – Utilizam os mesmos serviços e ambientes, sempre da mesma maneira ao longo do tempo. O valor está atrelado à funcionalidade do serviço, com base na confiança gerada entre o usuário e o serviço.

- **Buscadores de serviços de alto valor** – Conhecem suas necessidades e interagem com os pontos de contato muito antes de utilizarem um serviço, buscando sempre o menor preço possível. O valor está atrelado ao custo-benefício, isto é, o usuário busca pagar menos e obter as melhores vantagens. Assim, há valores sociais e condicionais envolvidos.

- **Usuários que apreciam variedades** – Reúnem informações sobre o serviço em vários canais, aproveitam os serviços de alto contato e compram em seu canal de oferta favorito, independentemente do preço. O valor está atrelado à satisfação em consumir ofertas variadas – valores epistêmicos e emocionais – e à confiança gerada entre o usuário e o prestador do serviço, sendo ressaltados os valores sociais e funcionais do serviço.

- **Usuários de alto envolvimento** – Reúnem informações em todos os canais (valores epistêmicos) e utilizam o serviço por meio de um canal de baixo custo (valores condicionais), mas aproveitam o suporte ao cliente de um canal de alto contato (valores sociais, funcionais e emocionais). O valor está atrelado à interação do usuário com o prestador do serviço, de forma a obter as melhores vantagens com o menor custo possível.

Assim, observamos que um mesmo usuário pode usar meios diferentes para funções diferentes ao utilizar determinado serviço. Adicionalmente, os usuários podem buscar diferentes tipos de meios e pontos de contato, dependendo dos tipos específicos de ofertas envolvidas e das possibilidades de negociação com o prestador do serviço, como observam Kotler e Keller (2006). Como veremos a seguir, o designer de serviços pode utilizar ferramentas para auxiliar e facilitar a composição de uma proposta de valor relacionada ao serviço, levando em conta a experiência pretendida para o usuário.

2.5.1 Composição da proposta de valor

Por meio de modelos e ferramentas geradas para delimitar e prospectar negócios – como o Business Model Canvas[1] –, é possível elaborar uma proposta de valor com base na segmentação do usuário para o qual se deseja criar valor, bem como a proposta de valor propriamente dita, considerando-se os aspectos que devem atrair os usuários. Com base nessa premissa, Alexander Osterwalder e Yves Pigneur (2010) sugerem que a prototipação do valor é uma ferramenta potencial para desenvolver novas ideias e modelos de serviços inovadores, permitindo que sejam explorados diferentes direcionamentos em que o modelo do serviço pode ser aplicado.

1   O Business Model Canvas é uma ferramenta visual criada por Alex Osterwalder para auxiliar na composição de planos de negócios (Pinheiro, 2015). Caracteriza-se como um modelo composto por campos de informação a serem preenchidos com conteúdos estratégicos.

Assim, o uso da prototipação do valor como ferramenta adicional na composição da proposta de valor é útil para criar e testar o que o serviço oferece e aquilo que o usuário realmente deseja (Kalbach, 2017). O designer de serviços pode utilizar um *canvas* (quadro--modelo) para constituir a formulação visual da proposta de valor, considerando duas partes: (1) a proposta de valor propriamente dita e (2) a segmentação dos usuários, conforme o diagrama da Figura 2.5.

Figura 2.5 – **Canvas da proposta de valor**

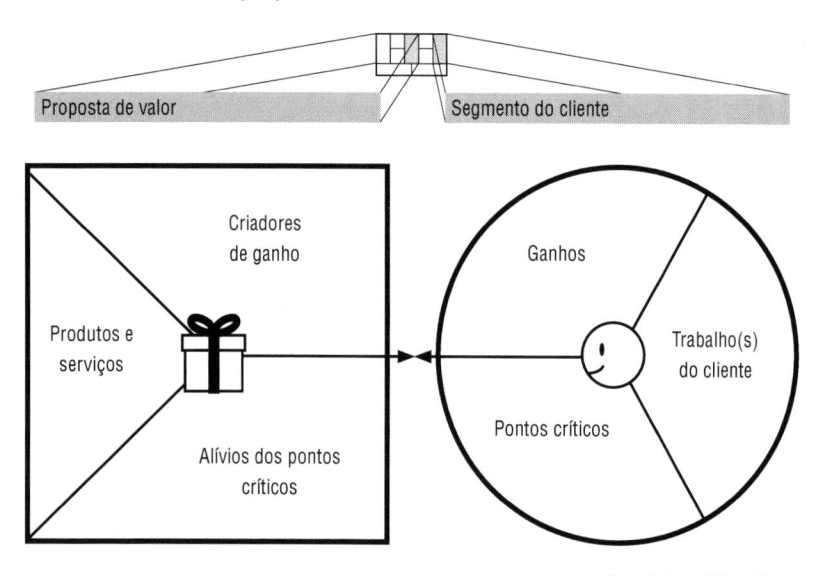

Fonte: Kalbach, 2017, p. 73.

Conforme a figura, no *canvas* da proposta de valor, à direita, consta a segmentação do usuário, para a qual o designer de serviços deve relacionar e descrever três componentes:

- **Trabalhos do usuário** (*jobs to be done*) – Consiste no mapeamento dos problemas importantes que o usuário deseja resolver e das necessidades que precisam ser atendidas por meio do serviço.

- **Pontos críticos** – Consiste no mapeamento das barreiras que o usuário precisa transpor para realizar um trabalho ou tarefa diante de um problema que deseja resolver por meio do serviço. Envolve as emoções negativas e os riscos que os usuários podem encontrar para solucionar problemas por meio do serviço.

- **Ganhos** – Consiste no mapeamento dos resultados positivos ou benefícios que o usuário deseja obter por meio do serviço, considerando a resolução de seus problemas e suas necessidades.

À esquerda, na figura, temos a proposta de valor propriamente dita, para a qual o designer de serviços deve detalhar três recursos, conforme Kalbach (2017):

1. **Produtos e serviços** – Correspondem ao detalhamento da oferta do serviço, incluindo recursos e suportes a serem fornecidos.

2. **Alívios dos pontos críticos** – Constituem a descrição de como a oferta do serviço vai aliviar os pontos críticos do usuário diante do problema ou da necessidade identificados.

3. **Criadores de ganho** – Trata-se do detalhamento de ações ou recursos que evidenciam como as ofertas do serviço beneficiam os usuários.

É importante esclarecer que essa ferramenta pode ser alimentada por outras ferramentas de análise e de compreensão do contexto de um serviço – como personas, mapas de empatia e mapas de expectativa – e, também, pode ser o ponto de partida para outras ferramentas – como o Business Model Canvas, os mapas de experiência e os *blueprints* –, como veremos nos próximos capítulos.

Contudo, sobre a utilidade do *canvas* da proposta de valor, Kalbach (2017, p. 73) pondera que "quando os alívios dos pontos críticos e os criadores de ganho se correlacionam com os pontos críticos e os ganhos dos clientes, você tem um forte ajuste em potencial", ou seja, é necessário validar essas prospecções na prática, assim que todo o serviço estiver formado e pronto para ser implementado. Cabe observar, ainda, que o designer de serviços precisa entender como relacionar essas abordagens e compreender todas as implicações sob o viés do design de serviço, desde o contexto e as condições em que o serviço se manifesta até o modo como o serviço deve ser ofertado.

SÍNTESE

Neste capítulo, tratamos dos principais aspectos relacionados à experiência dos usuários em serviços. Destacamos muitas abordagens associadas ao *marketing* de serviços, porém adaptadas ao viés do design de serviços. Também enfocamos questões sobre o mapeamento de experiências, com ferramentas que podem ser utilizadas para a melhor compreensão das experiências dos usuários na relação com serviços. Por fim, mostramos que a criação de valor associada ao serviço é essencial para que a experiência do usuário seja positiva, com destaque para o *canvas* da proposta de valor para embasar a prospecção da experiência do usuário. Nossa discussão continuará no próximo capítulo, com conteúdos mais aprofundados sobre o design de serviços.

QUESTÕES PARA REVISÃO

1. Segundo Teixeira (2017), a experiência de cada pessoa é influenciada por fatores particulares aos seres humanos, como sentidos, emoções, habilidades motoras, habilidades e capacidades cognitivas. Porém, fatores externos, como tempo e ambiente, também podem influenciar nossas experiências. Assim, a partir do reconhecimento dos principais fatores envolvidos, o designer de serviços pode projetar experiências apesar de sua subjetividade. Nesse sentido, Kalbach (2017) observa que a experiência pode ser compreendida conforme três abordagens. Assinale a alternativa que indica corretamente quais são elas:

    a. Holística, dada a noção de que uma experiência é naturalmente ampla e isso inclui ações, pensamentos e sentimentos acumulados com o passar do tempo; individual, visto que uma experiência é uma percepção própria de cada pessoa; convencional, uma vez que as experiências são situações distintas e convenientes que conduzem a experiências interativas.

    b. Sistêmica, dada a noção de que uma experiência é naturalmente rica e isso inclui diferentes situações com o passar do tempo; particular, visto que uma experiência não é uma propriedade de um produto ou serviço, mas da percepção de cada pessoa; situacional, uma vez que as experiências são diferentes entre si conforme as situações e os contextos em que ocorrem, pois as circunstâncias conduzem a experiências com mais de uma disponibilidade de interação.

c. Holística, dada a noção de que uma experiência é naturalmente ampla e isso inclui ações, pensamentos e sentimentos acumulados com o passar do tempo; pessoal, visto que uma experiência não é uma propriedade de um produto ou serviço, mas de uma percepção subjetiva, relativa a cada pessoa; situacional, uma vez que as experiências são diferentes entre si conforme as situações e os contextos em que ocorrem, pois as circunstâncias conduzem a experiências com mais de uma disponibilidade de interação.

d. Física, dada a noção de que uma experiência é naturalmente sentida de forma tangível por meio dos sentidos; coletiva, visto que uma experiência não é uma propriedade de um produto ou serviço, mas de um todo coletivo; circunstanciais, uma vez que as experiências são semelhantes entre si, considerando-se situações e contextos correlatos, e as circunstâncias conduzem a experiências com mais de uma disponibilidade de interação.

e. Transcendental, pois é possível ultrapassar os sentidos do indivíduo e alcançar suas esferas cognitivas mais profundas e influenciar futuras escolhas e ações; impessoal, visto que uma experiência não é uma propriedade de um produto ou serviço, mas de uma percepção objetiva, relativa a cada pessoa; circunstancial, uma vez que as experiências ocorrem em contextos distintos e conduzem a experiências com mais de uma disponibilidade de interação.

2. Entre os aspectos que afetam nossa experiência, destacam-se as emoções, que, segundo Norman (2008), nos guiam de acordo com três níveis de processamento cognitivo, também denominados *níveis de design emocional*: visceral, comportamental e reflexivo. Conforme Norman (2008), o nível visceral atua no subconsciente, gerando respostas automáticas diante de uma situação, com respostas pautadas basicamente pelos sentidos, principalmente pela visão, que é acionada pela aparência dos objetos. Dessa forma, o cérebro processa e avalia rapidamente uma situação. Assim, respostas viscerais importam e afetam a experiência dos usuários significativamente. O nível comportamental também atua no subconsciente, porém gera respostas baseadas em um comportamento já reconhecido em experiências anteriores do indivíduo diante de uma situação. As respostas às situações também são processadas rapidamente, mas com base em atividades automatizadas pautadas por habilidades previamente aprendidas e vivenciadas pelas pessoas em outras situações. Norman (2013) observa que cada ação está associada a uma expectativa. Já no nível reflexivo, o processamento cognitivo é consciente, possibilitando ao indivíduo contemplar a situação para, então, atuar sobre a realidade. Esse tipo de processamento tem por base o aprendizado de novos conceitos e generalizações sobre o ambiente, o que envolve um profundo conhecimento e análise do ambiente para cada tomada de decisão, considerando-se respostas reflexivas resultantes das memórias relacionadas a eventos anteriores. Nesse nível, a emoção produzida é a mais prolongada. Com base nesse contexto, qual nível de processamento cognitivo é considerado por Norman (2008) o mais importante e por quê?

Assinale a alternativa que apresenta corretamente a resposta e sua justificativa:

a. O nível visceral, pois corresponde ao primeiro nível a ser acionado.
b. O nível reflexivo, pois é o mais analítico.
c. O nível comportamental, pois envolve percepção e aprendizagem.
d. O nível reflexivo, dada a íntima relação entre emoção e cognição.
e. O nível visceral, pois a emoção aciona a cognição.

3. As formas de interação humana têm se ampliado desde o século XX, gerando possibilidades diversas de experiência por meio de diferentes modos de interação. Sob esse aspecto, temos nas interações sociais relações pessoais que envolvem a comunicação com outros seres humanos, tanto presencial como mediada por diferentes meios digitais, como no caso de mensagens de voz, texto, vídeo e nas redes sociais. Assim, as interações sociais envolvem a compreensão sobre como as pessoas se comunicam e colaboram entre si profissional, social e cotidianamente, como observam Preece, Rogers e Sharp (2013). Tendo isso em vista, assinale a alternativa a seguir que **não** apresenta situações de interação social para gerar experiências em serviços:

a. Balcão de informações.
b. Recepcionista.
c. Formulários *online* e pesquisas de satisfação.

d. Engajamento em redes sociais.

e. Mensagens de texto com *emoticons*.

4. Mapas e diagramas são ferramentas muito úteis para se obter uma visão geral e sistemática das experiências a serem geradas por meio de serviços. Porém, é importante selecionar o tipo de mapa mais adequado ao tipo de mapeamento que precisa ser realizado, conforme o foco e o momento da tarefa durante o processo de design de serviços. Nesse sentido, Kalbach (2017) indica que o ponto de partida é a seleção do tipo de mapeamento, conforme o foco da análise da interação com o serviço, tendo por base o mapeamento da experiência do usuário. Considerando a experiência do usuário e as características do serviço, relacione corretamente cada tipo de mapa ao foco para o qual ele deve ser utilizado durante o processo de design de serviços.

5. A experiência do usuário corresponde à qualidade subjetiva percebida pelos usuários em relação a um produto, sistema ou serviço e está associada a momentos de interação (antes, durante e depois) entre o usuário e o produto. Assim, a experiência do usuário é consequência da interação e envolve um conjunto de sensações, valores e conclusões decorrentes do uso (Portugal, 2013). Com base nisso e de acordo com Morville (2005 citado por Portugal, 2013), quais são as qualidades que devem ser consideradas para fornecer pontos importantes que gerem experiências proveitosas, encontráveis, aproveitáveis e valiosas ao usuário? Comente brevemente sobre cada uma das três qualidades com suas palavras, tendo como embasamento os conteúdos abordados até este capítulo.

QUESTÕES PARA REFLEXÃO

1. Como você percebe sua experiência com produtos e serviços contemporâneos? São interdependentes ou um se sobrepõe ao outro durante sua experiência? Tendo em vista essas questões iniciais, Mario Fioretti (2015, p. 38) – designer industrial e conselheiro de inovação na Whirlpool Latin America – observa que "o mundo digital está mostrando que não há limites para os serviços oferecidos por um simples *smartphone*". Entre os exemplos citados por Fioretti em sua reflexão está a noção de que, até pouco tempo atrás, assistíamos a filmes e séries no cinema e na televisão, mas também tínhamos a possibilidade de comprar DVDs (Digital Versatile Disc) de nossas produções favoritas para assistir sempre que quiséssemos. Além do custo de aquisição, esses produtos envoltos em plástico ocupavam espaço nas prateleiras e requeriam um aparelho que pudesse reproduzir seu conteúdo. Mais recentemente, passamos a assistir às nossas produções preferidas em qualquer tela, a qualquer hora e sem precisar abrir uma embalagem e colocar a mídia em um leitor para acessar seu conteúdo. A possibilidade de armazenar milhares de produções em um mesmo lugar – na nuvem –, o baixo custo e a facilidade de acesso aos mais diversos conteúdos estão a distância de um clique, por meio dos serviços de *streaming*.

Com base nesse exemplo e em tantos outros que poderíamos elencar aqui, Fioretti (2015) afirma que os serviços estão se sobrepondo, sim, aos produtos, concluindo que, em um futuro bem próximo, as empresas vão deixar de vender produtos para vender serviços. E você, o que pensa sobre isso? Os serviços estão substituindo os produtos ou são interdependentes? Como você percebe a experiência resultante desses novos modelos de produtos e serviços? Reflita sobre isso e escreva um texto ou faça uma pequena lista com suas impressões.

2. Para fixar os conteúdos aqui abordados, retome a análise sugerida no Capítulo 1 sobre um serviço que você utiliza diariamente. Com base nessas anotações e nos conteúdos apresentados neste capítulo, utilize o *canvas* da proposta de valor para delimitar a segmentação do usuário. Considere todos os tópicos necessários para essa parte do *canvas* e descreva as situações que você percebe de forma empática, diante de um possível usuário. Depois, volte-se para a proposta de valor e prospecte todos os itens necessários para mapear como o usuário é beneficiado no serviço em questão, detalhando todos os recursos atrelados à oferta do serviço e indicando o que pode ser feito para aliviar os pontos críticos identificados. Confira o resultado e reveja algumas informações, caso haja necessidade. Como sugestão, arquive esse conteúdo, de forma a poder consultá-lo nas próximas atividades de fixação sugeridas neste livro.

Usability

Capítulo 3

INTRODUÇÃO AO DESIGN DE SERVIÇOS

Conteúdos do capítulo:

- Conceito de design de serviços.
- Usos e áreas de aplicação do design de serviços.
- Pensamento sistêmico e design estratégico como base para o design de serviços.
- Princípios do design de serviços.

Após o estudo deste capítulo, você será capaz de:

1. sumarizar conceitos e definições acerca do design de serviços como área de abordagem do design;
2. compreender usos e áreas de aplicação do design de serviços, com vistas à prática de projetos orientados a serviços;
3. relacionar as abordagens do design sistêmico e do design estratégico à prática do design de serviços;
4. reconhecer os princípios do design de serviços, identificando boas práticas no desenvolvimento de projetos orientados a serviços.

Uma definição formal de *marketing* de serviços consiste na ideia de que corresponde a atividades oferecidas de uma parte a outra, envolvendo um caráter geralmente econômico e o desempenho de uma sequência de tarefas ao longo de certo tempo, de forma a atender uma dessas partes por meio da oferta de bens ou outros recursos. Essa definição pauta-se por um conceito delimitado em *marketing* e que, segundo Tenny Pinheiro (2015, p. 49), "não faz jus à dinâmica e à diversidade que a palavra 'serviço' carrega". Também conferimos muitas definições sobre serviço no primeiro capítulo. De igual forma, percebemos várias implicações relacionadas a projetos orientados a serviços, tendo por base a experiência do usuário e a criação de valor por meio dessa experiência, assuntos abordados no segundo capítulo.

Este capítulo dedica-se ao alinhamento desses conhecimentos às abordagens relacionadas ao design de serviços, de forma a possibilitar a compreensão das raízes dessa área do design, de seu conceito e das abordagens que podem servir de suporte ao desenvolvimento de soluções em design de serviços.

3.1 O que é design de serviços

Os estudos na área de serviços sob o viés do design são originalmente europeus, desenvolvidos em faculdades e consultorias em design, cujos núcleos de pesquisa sobre serviços datam do início da década de 1990 e são atribuídos às seguintes instituições (Freire; Damazio, 2010): Universidade de Ciências Aplicadas de Colônia (Alemanha), sob a orientação dos pesquisadores Michael Erlhoff e Birgit Mager; Escola de Negócios de Westminster (Reino Unido), sob a orientação de Gillian Hollins e Bill Hollins; e Politécnico de Milão, na Itália, sob a orientação de Ezio Manzini.

Os pesquisadores Gillian Hollins e Bill Hollins, por exemplo, deram início à investigação sobre a contribuição do design para serviços, identificando que os serviços correspondem a produtos que podem ser projetados sob o viés da gestão em design, como observam Karine Freire e Vera Damazio (2010). Hollins e Hollins (1999) elencam as seguintes características dos serviços: intangibilidade; incapacidade de armazenamento; disponibilidade em diferentes localidades; produção e consumo indissociáveis; equivalência de importância entre a experiência do usuário e o desempenho da oferta do serviço. Assim, conforme essa percepção, esses autores concluem que o processo de design é o mesmo tanto para projetar produtos como para projetar serviços.

Adicionalmente, podemos citar o trabalho de Birgit Mager (2009, p. 29, tradução nossa), que observou a grande contribuição do *marketing* de serviços a partir de "descobertas inspiradoras e fundamentais no mundo das indústrias de serviços". Segundo Mager (2009), todos os empreendimentos bem-sucedidos e inovadores já perceberam a importância de abordagens, métodos, funções e estruturas específicas de serviços. Tais empreendimentos têm se dedicado muito – e de forma sistemática – à pesquisa e desenvolvimento em design, investindo na criação de novos departamentos e funções dentro das empresas para inovar continuamente em suas ofertas de serviços. No entanto, a pesquisadora destaca que grande parte das empresas ainda não atentou para isso e subestima as expectativas dos usuários quanto aos serviços.

Mas, afinal, o que é design de serviços? De acordo com Marc Stickdorn et al. (2020), podemos elencar uma série de definições de design de serviços, sendo as mais populares as seguintes:

- Criação e melhoria das ofertas de serviços – "ajuda a criar novos serviços ou a melhorar os já existentes, de modo a torná-los mais úteis, utilizáveis e desejáveis para os clientes, bem como eficientes e eficazes para as organizações" (Moritz, 2005 citado por Stickdorn et al., 2020, p. 19).
- Uso de habilidades e processos de design – "é a aplicação de habilidades e processos já estabelecidos no campo do design ao desenvolvimento de serviços. Trata-se de um modo criativo e prático de melhorar serviços existentes e inovar em novas propostas de serviços" (Live/Work, 2010 citado por Stickdorn et al., 2020, p. 19).
- Gestão em design – "coordena processos, tecnologias e interações dentro de sistemas complexos a fim de cocriar valor para seus *stakeholders* relevantes" (Mager, citada por Stickdorn et al., 2020, p. 19).
- Projeto de interação a partir do design – "projetar para experiências que ocorrem ao longo do tempo entre diferentes pontos de contato" (31 Volts, citado por Stickdorn et al., 2020, p. 19).
- Perspectiva sistêmica – "enquanto prática, geralmente resulta no design de sistemas e processos que tem como objetivo oferecer ao usuário um serviço holístico" (The Copenhagen Institute of Interaction Design, 2008 citado por Stickdorn; Schneider, 2014, p. 32).

- Usabilidade aplicada a serviços – "especialidade dentro do design que ajuda a desenvolver e a entregar bons serviços ou serviços de qualidade [...] melhoram fatores como facilidade de uso, satisfação, lealdade e eficiência, atuando em variados contextos, como ambientes, comunicações e produtos – incluindo as pessoas responsáveis pela entrega do serviço" (Engine Service Design, 2010 citado por Stickdorn; Schneider, 2014, p. 34).

Adicionalmente, podemos também considerar o design de serviços como uma abordagem estratégica do design aplicada a serviços:

É uma disciplina que propõe o pensamento estratégico e operacional dos serviços com a visão de quem os utiliza e os provê. É sobre entender as necessidades e os desejos das pessoas e projetar, junto com elas, soluções de serviços que sejam tanto encantadoras para quem os utiliza quanto eficientes para as organizações. (Sebrae, 2014)

Stickdorn et al. (2020) observam que, ao se considerar a história do design de serviços, destacam-se (inicialmente) as seguintes percepções:

- abordagem de trabalho e projetos orientados a serviços;
- origem em pesquisas e consultorias desenvolvidas por designers entre as décadas de 1990 e 2000;
- representação de profissões que criam e moldam serviços, como engenharia de sistemas, *marketing* e *branding* (área dedicada à gestão e ao posicionamento de marca), gestão de operações, atendimento ao cliente e empresas direcionadas a serviços;

- realização de grandes investimentos em planejamento de serviços, ainda na década de 2010, por pessoas que não tinham conhecimento sobre design de serviços;
- integração entre *design thinking* e experiência do usuário (*User Experience* – UX) muito presente na realidade das empresas atualmente para solucionar projetos orientados a serviços.

Assim, entendemos que o foco do design de serviços está em auxiliar na resolução de desafios importantes vivenciados pelos prestadores de serviços. Mas como definir o que **não** compete ao design de serviços? De acordo com Stickdorn et al. (2020, p. 24, grifo do original), o design de serviços não é estética nem uma questão de "**enfeitar o bolo**" e, embora a estética seja importante, não é seu foco principal. Segundo esses autores, o foco real do design de serviços reside no funcionamento do serviço, no atendimento a uma necessidade e na criação de valor. Design de serviços também não é "**atendimento ao cliente**" (Stickdorn et al., 2020, p. 24, grifo do original), ainda que esse aspecto possa ser tema de um projeto de design de serviços, considerando-se as necessidades e a satisfação do cliente. É importante observar que designers de serviço não resolvem (apenas) os problemas dos clientes. Desse modo, entendemos que o design de serviços projeta propostas de valor, processos e modelos de negócios.

Stickdorn et al. (2020, p. 24) acrescentam que o design de serviços não é "recuperação do serviço", uma vez que não é utilizado apenas quando um serviço dá errado ou não funciona. Dessa forma, o design de serviços é utilizado para mapear jornadas (usuários/ funcionários) a partir de uma demanda específica, identificar qual serviço deve ser oferecido, como deve ser a experiência e o que fazer quando o serviço dá errado. No entanto, sua preocupação principal é criar serviços que sejam valorizados pelas pessoas, ou seja, o design de serviços não conserta (apenas) erros; antes, projeta soluções para serviços de forma sistêmica.

3.2 Usos e áreas de aplicação do design de serviços

Conforme o direcionamento de nosso estudo sobre o design de serviços, podemos delinear um panorama abrangente com diferentes disciplinas e áreas de conhecimento relacionadas ao design e à gestão e que podem facilitar o design de serviços. Porém, os autores consultados indicam que não há uma listagem completa de áreas – como engenharia, tecnologia da informação (TI), arquitetura, psicologia, entre outras. Ou seja, podemos apenas elencar as principais disciplinas que ilustram bem a faixa de aplicação do design de serviços, a partir do design. Marc Stickdorn e Jakob Schneider (2014) relacionam as seguintes áreas do design que podem prever a aplicação de serviços:

- design de produtos – por meio de pesquisas em design, design conceitual e interação, produtos-serviços híbridos e criação de valor;
- design gráfico – por meio de explicações visuais, informação e *branding*, orientação, confiabilidade e controle visual;
- design de interação – com base em interações seriadas, desejabilidade e agradabilidade, bem como utilidade e usabilidade;

- design social – com vistas a gerar soluções de impacto social positivo e mudança de paradigmas;
- gestão estratégica – considerando-se abordagens em design estratégico e design sistêmico para compor estratégias coorporativas, estratégias de negócios, estratégias operacionais, exploração de opções e implicações para soluções em serviços, bem como soluções pautadas por visão e pensamento sistêmico;
- gestão de operações – por meio de soluções para a melhoria de processos, serviços como produção, fidelização e engajamento, tecnologia em serviços e abordagens operacionais;
- design etnográfico – tomando-se como inspiração a vida cotidiana, a cocriação intrínseca e a pesquisa etnográfica, que consiste no estudo da cultura e do comportamento de usuários e grupos de usuários.

Com base nas áreas e nos usos indicados, podemos considerar o design de serviços como uma abordagem interdisciplinar, que inclui e conecta diversas áreas de atividade (Stickdorn; Schneider, 2014). Tendo em vista tal interdisciplinaridade, podemos apontar as perspectivas holística e estratégica do design como aplicações muito necessárias ao design de serviços, como veremos na sequência.

3.3 O pensamento sistêmico aplicado ao design de serviços

Como observamos anteriormente, o design de serviços se caracteriza por sua abordagem interdisciplinar, combinando diferentes métodos e ferramentas com origem em diversas disciplinas. Sob esse aspecto, podemos afirmar que "uma das maiores forças do design é o fato de que não chegamos a uma única definição" (Buchanan, 2001 citado por Stickdorn; Schneider, 2014, p. 30). Assim, podemos explorar abordagens interdisciplinares como uma forma de pensamento autônomo e em constante evolução.

Contudo, aqui vamos considerar que a interdisciplinaridade está baseada na integração e na interação entre diferentes saberes, como esclarece Fernando Vilas Boas Cardona (2010). Com isso, temos uma abordagem em que a equipe interdisciplinar compartilha informações, resultados e métodos de forma recíproca e focada no processo de aprendizagem contínua. Além disso, por meio de uma abordagem interdisciplinar, somada ao desenvolvimento de habilidades aprofundadas mediante o estudo de diferentes áreas do design, como design industrial, design de interação, design de serviços, design da informação e design visual, o designer adquire diferenciais relevantes para promover adaptações exclusivas do pensamento sistêmico ao design de serviços (Jones, 2014).

3.3.1 Bases do pensamento sistêmico direcionadas ao design

As bases do pensamento sistêmico estão relacionadas a um cenário contemporâneo complexo e em crise. Segundo Luigi Bistagnino (2009 citado por França; Alem; Pêgo, 2019, p. 98, grifo do original), "já não é possível afrontar as crises contemporâneas com antigas soluções baseadas em um pensamento reducionista-mecanicista, pois os problemas atuais são sistêmicos, i.e., estão intimamente interligados e são interdependentes. [...] é preciso considerar novos contextos de desenvolvimento por meio da ótica alargada do 'sistema', que é constituído pelas conexões entre seus elementos ou componentes, gerando uma 'rede'".

Com base nessas premissas, Bistagnino (2009) observa as seguintes possibilidades considerando-se o pensamento sistêmico:

- noção do mundo como um todo indivisível e intrinsecamente dinâmico;
- atenção ao contexto e às relações;
- pensamento processual, uma vez que toda estrutura observada é entendida como manifestação de processos subjacentes e o todo é considerado como muito mais do que a soma de suas partes;
- atuação efetiva dos profissionais em um cenário contemporâneo complexo e em crise por meio de uma metodologia de projeto que considere tal complexidade.

Nesse sentido, também podemos relacionar novas perspectivas para o design a partir da busca por uma abordagem mais sistêmica que considere um novo direcionamento à aplicação do pensamento sistêmico. Em conformidade com esse entendimento, Peter Jones (2014) ressalta a importância do reconhecimento de que os problemas são confusos e muitas vezes nunca totalmente resolvidos, visto que sua natureza é diferente daquilo que pode ser resolvido por abordagens racionalistas, como a engenharia de sistemas.

Assim, o pensamento sistêmico busca identificar momentos de aproximação com o campo do design, principalmente com os processos direcionados à solução de problemas em múltiplos cenários do contexto contemporâneo, como descreve Fabiano Pereira (2014). O autor resgata a noção de que

Em design, o sistema diz respeito ao conjunto que envolve toda a cadeia produtiva, do criador ao usuário final, compreendendo aí o cliente e os agentes que afetam a produção do objeto. O design participativo ou o design social lança mão da Teoria Geral dos Sistemas para conceber produtos. Parte do princípio de que a melhor criação advém da relação dos agentes dos sistemas em prol de um objetivo comum, a criação do objeto adequado ao próprio sistema. (Coelho, 2011 citado por Pereira, 2014, p. 85)

Diante dessas condições, Seila Preto e Luiz Fernando Figueiredo (2012) observam que o pensamento sistêmico se configura como uma nova maneira para estruturar conceitos ou metalinguagens em desenvolvimento, de forma a gerenciar situações que necessitam de explicações inter-relacionadas. Adicionalmente, Aurélio Andrade et al. (2006) explicam que o pensamento sistêmico é utilizado em diversas áreas de investigação, tais como a biologia, a cibernética, a engenharia de sistemas, a administração e a economia. Apontam ainda que a ideia central do pensamento sistêmico é a organização sistêmica ou estrutura sistêmica, que delimita um padrão de interações de forma explicativa e não estática.

Desse modo, entendemos que "o pensamento sistêmico está interessado nas características essenciais do todo integrado e dinâmico, características essas que não estão em absoluto nas partes, mas nos relacionamentos dinâmicos entre elas, entre ela e o todo e entre o todo e outros todos" (Andrade et al., 2006, p. 44). Mas como relacionar o pensamento sistêmico ao design? É isso o que veremos a seguir.

3.3.2 Design sistêmico: o design em transformação

Alguns autores referem-se ao design sistêmico como um "novo" design, a partir da adoção de uma visão sistêmica que se caracteriza pelo confronto com as complexidades das redes sociais, por exemplo. Ele visa desenvolver a capacidade de escuta para atuar no âmbito dos fenômenos da criatividade e do empreendedorismo, aspectos difusos que caracterizam a sociedade atual (Manzini; Meroni, 2009; Bastani; Possas, 2016).

Segundo Rodrigo França, Thais Alem e Kátia Pêgo (2019), o design sistêmico consiste em uma metodologia estreitamente ligada ao pensamento holístico, em que se percebe o mundo como um todo indivisível e intrinsecamente dinâmico. Nesse sentido, os autores compreendem que essa metodologia considera o contexto e as relações a partir de um pensamento de processo. Assim, temos as seguintes características associadas ao design sistêmico: postura ativa nos processos de transformação diante dos diversos e complexos desafios futuros; papel estratégico na definição de ideias de bem-estar e de maneiras inteligentes para atingi-lo; pensamento sistêmico para solucionar problemas sociais complexos com soluções simplificadas (Manzini; Meroni, 2009).

Diante disso, podemos relacionar os seguintes objetivos ao design sistêmico (França; Alem; Pêgo, 2019; Jones, 2014):

- reequilibrar a relação entre produção, ambiente e sociedade;
- desenvolver um projeto de fluxos de matéria e energia entre as atividades produtivas de determinado território;

- projetar melhores políticas, programas e sistemas de serviço de forma cocriativa;
- integrar de maneira afirmativa o pensamento sistêmico e os métodos de sistemas;
- orientar o design centrado no ser humano para serviços e programas complexos, de vários sistemas e de várias partes interessadas (*stakeholders*).

Nessa perspectiva, Jones (2014) considera que o design sistêmico não é apenas uma disciplina de design, mas uma orientação, cuja prática emergente é estabelecida pela necessidade de desenvolver as práticas de design a partir de problemas sistêmicos. Com isso, os métodos e os princípios do design sistêmico são extraídos de muitas escolas de pensamento, tanto em sistemas quanto em *design thinking*, do qual trataremos no próximo capítulo. Assim, Jones (2014) destaca os aspectos interdisciplinares e o desenvolvimento de habilidades que podem ser aprofundadas com o auxílio de outras áreas do design, como é o caso do design de serviços em conjunto com abordagens do design estratégico, assunto da próxima seção.

3.4 O design estratégico como abordagem em serviços

"O bom design está conectado a uma boa estratégia" (Mager, 2009, p. 35, tradução nossa). Nesse sentido, para desenvolver soluções em design de serviços de forma substancial e não meramente decorativa, a solução precisa estar conectada às estratégias de negócios, visto que estas correspondem a questões fundamentais de posicionamento e portfólio da gestão em design, como esclarece Mager (2009). Com base nessa premissa, entendemos que o design estratégico pode ser uma abordagem significativa no contexto do design de serviços.

Segundo Celso Scaletsky, Filipe Costa e Paulo Bittencourt (2016), o design estratégico corresponde a uma metodologia que estabelece relação direta com a linguagem e seus processos de construção de sentido. Tal metodologia configura uma atividade de projeto desenvolvida por diferentes profissionais que visam interpretar a realidade – com visão holística e interdisciplinar – para desenvolver soluções por meio de uma estratégia consistente, conforme o posicionamento, os princípios e as atitudes de um prestador de serviços (organização, empresa, instituição ou pessoa jurídica).

Em outra definição, Vera Maria Secaf (2019) observa que o design estratégico apresenta uma abordagem emergente e direcionada à solução de problemas, empregando ferramentas e metodologias tradicionais do design para alcançar metas e objetivos de negócios. Secaf (2019) também afirma que essa disciplina se utiliza de princípios e práticas de design para compreender problemas complexos e inter-relacionados, de forma a propor soluções consistentes com estratégias interdisciplinares, integrando diferentes disciplinas, práticas e métodos.

Assim, identificamos três habilidades específicas do design estratégico: integração, visualização e gestão de soluções. Desse modo, podemos concluir que o design estratégico compreende decisões, aperfeiçoamento de habilidades, mudança da mentalidade dos profissionais envolvidos na apresentação de soluções e resolução de desafios enfrentados nas organizações (MJV Team, 2019).

Com base nessas definições iniciais, podemos entender que o design estratégico também se pauta pelo pensamento sistêmico, considerando os seguintes aspectos (Coutinho; Penha, 2017): exercícios de empatia para buscar compreender necessidades e expectativas de usuários e clientes não atendidas; análises do contexto para resolver grandes questões da sociedade e do planeta; especulações elaboradas por meio da aplicação de métodos e processos narrativos e ficcionais para levantar questões, visualizar e explicar realidades utópicas ou distópicas, dando novos significados ou criando novas rotinas, mitos e símbolos da sociedade.

De acordo com Scaletsky, Costa e Bittencourt (2016, p. 16), o design estratégico "busca na transdisciplinaridade e no diálogo as bases para relacionar áreas aparentemente distintas, dentro e fora da organização", ou seja, abrangendo o prestador de serviços. Para além disso, entendemos que a transdisciplinaridade consiste na mudança de paradigmas mediante a relação diferentes áreas do conhecimento, construindo um contexto dialógico entre os saberes de forma que os limites entre eles sejam praticamente inexistentes (Cardona, 2010).

Nesse sentido, a integração entre diversos conhecimentos e especialidades fornece uma perspectiva mais completa – e sistêmica – entre o todo e suas partes, como observam Scaletsky, Costa e Bittencourt (2016). Tendo isso em vista, esses autores sugerem, como ilustra a Figura 3.1, uma articulação entre saberes e especialidades por meio do design estratégico.

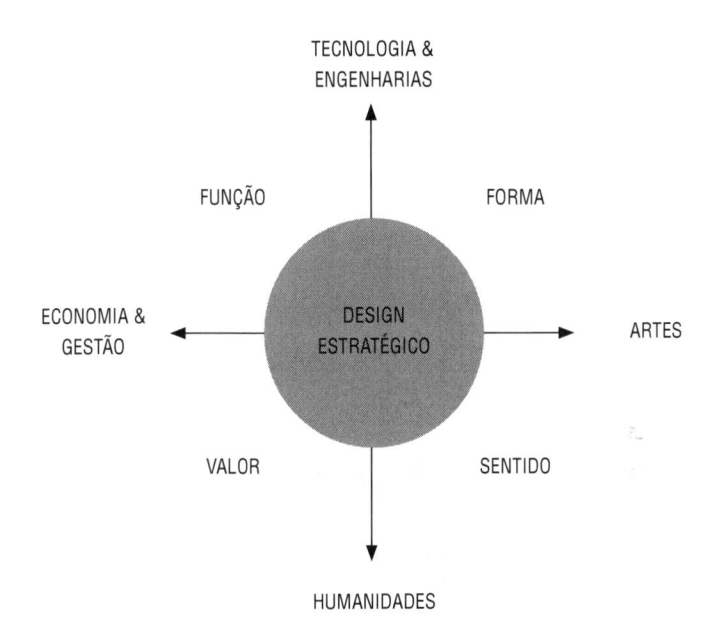

Figura 3.1 – **Matriz das disciplinas articuladas pelo design estratégico**

```
                    TECNOLOGIA &
                    ENGENHARIAS
                         ▲
        FUNÇÃO                      FORMA

ECONOMIA &          DESIGN
  GESTÃO   ◄──    ESTRATÉGICO   ──►    ARTES

         VALOR                  SENTIDO
                         ▼
                    HUMANIDADES
```

Fonte: Scaletsky; Costa; Bittencourt, 2016, p. 16.

Com base nesse diagrama, podemos compreender que a tecnologia e as engenharias atuam na definição das características físicas atreladas à oferta do serviço, considerando-se a forma em articulação com as artes e a função em articulação com a economia e a gestão. Dessa maneira, há relações que se estabelecem sucessivamente para integrar diferentes saberes na composição de soluções estratégicas e consistentes (Scaletsky; Costa; Bittencourt, 2016).

Contudo, além de integrar saberes e especialidades, é igualmente importante que o contexto do problema esteja relacionado ao campo cognitivo do design estratégico, a fim de que o designer compreenda por que motivo está projetando determinada solução. Coutinho e Penha (2017) delimitam como estratégia a necessidade de se pensar à frente do pensamento convencional para prospectar cenários, conforme indicado no Quadro 3.1.

Quadro 3.1 – **Campo cognitivo do design estratégico**

CAMPO CONVENCIONAL	CAMPO DO DESIGN ESTRATÉGICO A PARTIR DO FUTURO	
TIPOS DE FUTURO		
PROVÁVEL evidente	POSSÍVEL emergente	PREFERIDO especulativo
PREDISPOSIÇÃO		
INCREMENTAL Melhorar o jogo	ADAPTATIVO Mudar as regras do jogo	DISRUPTIVO Criar um novo jogo
ORIENTAÇÃO DO DESIGN		
HUMANO Melhorar a realidade	CONTEXTO Transformar a realidade	FICÇÃO Criar uma nova realidade
ZEITGEIST		
HOJE Atender demandas	AMANHÃ Alterar demandas	DEPOIS DE AMANHÃ Criar demandas

Fonte: Coutinho; Penha, 2017, p. 51.

Como explicam Coutinho e Penha (2017, p. 51),

> Enquanto a maioria das organizações investe no campo convencional do design para um futuro provável, com projetos incrementais, orientados ao humano e solucionando problemas do hoje, diversas organizações optaram por instituir espaços, centros, laboratórios, *hubs* ou experimentos para explorar o campo do design estratégico a partir do que está por vir.

Ou seja, a abordagem com base no design estratégico busca sair da zona de conforto para identificar possibilidades ainda não exploradas ou, ainda, possibilidades em que a solução seja consistentemente adequada ao problema, e não apenas derivada dele. Poderíamos elencar aqui muitas outras abordagens do design estratégico para projetos orientados a serviços. No entanto, as abordagens apresentadas já compõem base suficiente para dar sequência à nossa discussão sobre o design de serviços, como veremos a seguir.

3.5 Princípios para o design de serviços

Considerando todas as abordagens discutidas até aqui, podemos delinear melhor todos os aspectos e questões que fomentam projetos orientados a serviços, tendo por base o design de serviços como disciplina e área emergente no âmbito do design. Elencamos, então, os seguintes princípios atrelados à prática do design de serviços, de acordo com Bruna Plentz (2019):

- É uma abordagem centrada no usuário, pois os serviços devem ser testados por meio do olhar dos clientes.
- É um processo cocriativo, visto que todas as partes envolvidas (*stakeholders*) devem ser consideradas e incluídas no processo de design de serviço.
- Envolve um processo sequencial e iterativo, pois o serviço deve ser visualizado como uma sequência de ações inter-relacionadas e que podem ser revisitadas quantas vezes forem necessárias.

- Envolve a evidência de ações e ofertas, pois serviços intangíveis devem ser visualizados como artefatos físicos, levando-se em conta evidências físicas (pontos de contato).
- Tem caráter holístico e sistêmico, uma vez que todo o ambiente do serviço deve ser levado em consideração juntamente com seu contexto.

Tendo em vista o primeiro e o segundo princípios – abordagem centrada no usuário e processo cocriativo, respectivamente –, as pessoas são consideradas como elementos essenciais no design de serviços. Há, basicamente, o usuário, o prestador do serviço e as demais partes interessadas no serviço (Plentz, 2019). Os *stakeholders* podem compreender não apenas pessoas, mas grupos de pessoas, instituições e organizações. Ainda sobre a abordagem centrada no usuário, Mager (2009) observa que o design de serviços tem como objetivo garantir que as interfaces do serviço sejam úteis, utilizáveis e desejáveis do ponto de vista do usuário e, também, eficazes, eficientes e diferenciáveis do ponto de vista do prestador de serviços e das demais partes interessadas.

Adicionalmente, para compor as ofertas do serviço e todo o sistema envolvido na solução proposta, é necessário que o designer de serviços utilize um processo sequencial, cocriativo e iterativo, a fim de gerar e explorar diferentes soluções antes de se tomar partido. Para tanto, faz-se necessário direcionar a solução em design com base em critérios (ou premissas) que permitam a seleção de soluções sistêmicas e estratégicas entre as alternativas desenvolvidas, conforme destacam Carolina Cavalcanti e Andréa Filatro (2016):

- **Desejabilidade** – Implica considerar aquilo que é necessário e faz sentido para as pessoas, com uma atitude de empatia. Com isso, o foco desse critério é identificar o que o usuário deseja.
- **Praticabilidade** – Envolve a compreensão do contexto do problema que necessita de uma solução, considerando-se tudo o que é possível realizar de forma técnica, funcional e organizacional em um futuro próximo no âmbito do projeto. Assim, o foco desse critério é identificar se existem os recursos técnicos necessários para executar soluções.
- **Viabilidade** – Envolve tanto a empatia com o usuário como o contexto do problema de forma sistêmica. Considera-se tudo o que é viável financeiramente e que – provavelmente – pode vir a compor um modelo de negócios sustentável. Desse modo, o foco desse critério está em identificar o que é viável e sustentável para apresentar soluções para o prestador de serviços e seu negócio.

Por fim, para que o designer evidencie o caráter holístico e sistêmico do design de serviços, Mager (2009) relaciona dez princípios básicos que possibilitam criar uma estrutura inicial simples e compreensível em projetos orientados a serviços:

1. Ver o serviço como um produto, pois o design de serviços deve ser compor evidências físicas que aproximem o usuário do serviço, criando experiências mais significativas.
2. Concentrar-se no benefício do usuário, pois repensar as ofertas pode fazer parte dos processos de design de serviços, de forma a criar estruturas e processos focados na entrega de benefícios ao

usuário. Por vezes, isso envolve uma mudança radical de perspectiva, visto que alguns pontos de contato precisam deixar a linha de frente e ir para os bastidores, o que pode ser revolucionário para muitos prestadores de serviços, mesmo que se trate de algo tão natural.

3. Conhecer profundamente o contexto do usuário, o que significa que o conhecimento sobre o usuário não pode ser associado apenas a planilhas e diagramas. O design de serviços deve explorar em profundidade o contexto real de emoções e experiências do usuário por meio de observações e sondagens, utilizando ferramentas que ajudem os usuários a imaginar e descrever melhor os próprios desejos.

4. Enxergar o quadro geral do serviço, visto que a experiência com o serviço pode começar muito antes do momento em que o usuário entra em contato com as ofertas e não terminar com o "adeus". Assim, os serviços devem ser incorporados em sistemas maiores de relacionamentos e interações, pois é necessário que as mudanças pelas quais os usuários passam ao longo da interação com os serviços sejam consideradas.

5. Projetar uma experiência, pois o detalhamento da experiência ou das condições que permitem certas experiências é um grande desafio no processo de design de serviços. Para tanto, o uso de técnicas que possibilitem encenar situações pode ser útil para que o designer aprenda com a experiência e o design de interação.

6. Criar evidências perceptíveis, pois tornar o invisível (ou algo que ainda não exista) em algo visível, facilmente percebido e lembrado pelo usuário, é uma contribuição significativa do design de serviços. Assim, o serviço invisível precisa ser transformado

em evidências perceptíveis ao longo da interação do usuário com diferentes pontos de contato, que contribuem com a experiência vivenciada.

7. Reconhecer e incentivar o desempenho de todos os envolvidos no serviço, visto que o sucesso do serviço depende de pessoas, ou seja, o bom desempenho do serviço também se apoia em um cenário projetado para atender às necessidades dos atores envolvidos no processo. Isso pode exigir uma reflexão fundamental sobre recrutamento, desenvolvimento, capacitação e avaliação de pessoas.

8. Definir padrões flexíveis, pois uma padronização total de ações e ofertas não se aplica a serviços. É necessário definir um equilíbrio certo entre padronização e flexibilidade, considerando-se o tipo de serviço projetado.

9. Projetar um produto acessível, uma vez que os serviços precisam ser projetados para gerar aprendizado e desenvolvimento, de forma a estarem sempre abertos e disponíveis a clientes e funcionários. Logo, o ambiente de interação (virtual ou físico) precisa fazer parte do sistema de serviço de maneira efetiva.

10. Ter entusiasmo, pois a cultura corporativa tem um grande impacto na qualidade do serviço prestado. Assim, uma observação atenta sobre a cultura existente nas relações associadas ao serviço, somada a um apoio à mudança cultural, também faz parte do processo de design.

Com isso, você já tem bagagem suficiente para compreender como é possível ao designer de serviços adotar um método de design para desenvolver uma solução em design de serviços, assunto que abordaremos no próximo capítulo.

SÍNTESE

Neste capítulo, buscamos delimitar o design de serviços como disciplina e área emergente no design. Para tanto, apresentamos definições sobre o design de serviços, considerando seus usos e aplicações. Também destacamos que o design sistêmico e o design estratégico constituem abordagens intrinsecamente relacionadas à fundamentação do processo de design de serviços. Por fim, elencamos alguns princípios para o design de serviços, os quais serão discutidos com mais detalhes no próximo capítulo.

QUESTÕES PARA REVISÃO

1. De acordo com o Sebrae (2014), o design de serviços

É uma disciplina que propõe o pensamento estratégico e operacional dos serviços com a visão de quem os utiliza e os provê. É sobre entender as necessidades e os desejos das pessoas e projetar, junto com elas, soluções de serviços que sejam tanto encantadoras para quem os utiliza quanto eficientes para as organizações.

Stickdorn et al. (2020) reúnem uma série de definições sobre design de serviços relacionadas à criação e à melhoria das ofertas de serviços, ao uso de habilidades, aos processos e à gestão em design, ao desenvolvimento de projetos de interação por meio do design, à perspectiva sistêmica e à usabilidade aplicada a serviços. Nesse sentido, considerando a história e as bases do design de serviços, assinale a alternativa que **não** apresenta uma percepção relacionada ao design de serviços:

a. Abordagem de trabalho e projetos orientados a serviços e origem em pesquisas e consultorias desenvolvidas por designers entre as décadas de 1990 e 2000.

b. Representação de profissões que criam e moldam serviços, como engenharia de sistemas, *marketing* e *branding*, gestão de operações, atendimento ao cliente e empresas direcionadas a serviços.

c. Pensamento estratégico e operacional dos serviços a partir da perspectiva do designer.

d. Realização de grandes investimentos em planejamento de serviços, ainda na década de 2010, por pessoas que não tinham conhecimento sobre design de serviços.

e. Integração entre *design thinking* e experiência do usuário muito presente na realidade das empresas atualmente para solucionar projetos orientados a serviços.

2. As bases do pensamento sistêmico estão relacionadas a um cenário contemporâneo complexo e em crise e "já não é possível afrontar as crises contemporâneas com antigas soluções baseadas em um pensamento reducionista-mecanicista, pois os problemas atuais são sistêmicos, i.e., estão intimamente interligados e são interdependentes" (Bistagnino, 2009 citado por França; Alem; Pêgo, 2019, p. 98).

Tendo isso em vista, quais são as possibilidades de aplicação do pensamento sistêmico ao design de serviços? Assinale a alternativa correta:

a. Noção do mundo como um todo indivisível e intrinsecamente dinâmico; atenção ao contexto e às relações; pensamento processual; atuação efetiva dos profissionais por meio de uma metodologia de projeto que considere a complexidade de um cenário contemporâneo complexo e em crise.

b. Separação do mundo em partes e intrinsecamente dinâmicas; atenção ao contexto e às relações; pensamento linear; atuação colaborativa por meio de uma metodologia reducionista e precisa.

c. Fragmentação do contexto de forma dinâmica; atenção ao produto e às relações com o usuário; pensamento holístico; atuação efetiva dos *stakeholders* por meio de uma metodologia centrada no projeto.

d. Visualização do contexto como um todo intrinsecamente dinâmico; atenção ao usuário e às relações com o produto; pensamento holístico; atuação efetiva dos designers por meio de uma metodologia centrada no usuário.

e. Percepção do usuário a partir do todo; atenção ao contexto e às relações; pensamento experimental; atuação efetiva dos profissionais por meio de uma metodologia de projeto iterativa e processual.

3. O design sistêmico consiste em uma metodologia estreitamente ligada ao pensamento holístico, em que se percebe o mundo como um todo indivisível e intrinsecamente dinâmico, no qual as relações se dão com base em um pensamento processual. Assim, temos as seguintes características associadas ao design sistêmico: postura ativa nos processos de transformação diante dos diversos e complexos desafios futuros; papel estratégico na definição de ideias de bem-estar e de maneiras inteligentes para atingi-lo; pensamento sistêmico para solucionar problemas sociais complexos com soluções simplificadas (Manzini; Meroni, 2009). Diante disso, quais são os objetivos do design sistêmico? Assinale a alternativa correta:

a. Reequilibrar a relação entre produto, sistema e serviço; desenvolver um projeto de fluxos de trabalho entre as atividades produtivas de determinado território; projetar melhores ações de serviço de forma objetiva; desvincular o pensamento sistêmico dos métodos de sistemas; orientar o design centrado no processo para serviços e partes interessadas (*stakeholders*).

b. Reequilibrar a relação entre produção, ambiente e sociedade; desenvolver um projeto de fluxos de matéria e energia entre as atividades produtivas de determinado território; projetar melhores políticas, programas e sistemas de serviço de forma cocriativa; integrar de forma afirmativa o pensamento sistêmico e os métodos de sistemas; orientar o design centrado no ser humano para serviços e programas complexos, de vários sistemas e de várias partes interessadas (*stakeholders*).

c. Desvincular a relação entre produção, ambiente e sociedade; desenvolver um projeto de fluxos de trabalho entre as atividades produtivas em diferentes territórios; projetar melhores políticas, programas e sistemas de serviço de forma exclusiva; integrar de forma afirmativa o pensamento sistêmico e os métodos de sistemas; orientar o design centrado no processo para serviços e programas complexos, de vários sistemas e de várias partes interessadas (*stakeholders*).

d. Desvincular a relação entre produto, sistema e serviço; reduzir fluxos de matéria e energia entre as atividades produtivas de determinado território; projetar melhores políticas, programas e sistemas de serviço de forma cocriativa; separar de forma afirmativa o pensamento sistêmico e os métodos de sistemas; orientar o design centrado no processo para serviços e programas complexos, de vários sistemas e usuários.

e. Reequilibrar a relação entre produção, ambiente e sociedade; desenvolver um projeto sustentável entre as atividades produtivas em diferentes territórios; prospectar melhores políticas, programas e sistemas de serviço de forma cocriativa; integrar de forma afirmativa o pensamento convencional e métodos pragmáticos; orientar o design centrado no ser humano para serviços e programas complexos, de vários sistemas e usuários.

4. "O bom design está conectado a uma boa estratégia" (Mager, 2009, p. 35, tradução nossa) e, para desenvolver soluções em design de serviços de forma substancial e não meramente decorativa, a solução precisa estar conectada às estratégias de negócios. Nesse sentido, as estratégias correspondem a questões fundamentais de posicionamento e portfólio da gestão em design, como esclarece Mager (2009). Adicionalmente, o design estratégico pode ser uma abordagem significativa no contexto do design de serviços, pois configura uma atividade de projeto desenvolvida por diferentes profissionais que visam interpretar a realidade – com visão holística e interdisciplinar – para desenvolver soluções por meio de uma estratégia consistente, conforme o posicionamento, os princípios e as atitudes de um prestador de serviços (organização, empresa, instituição ou pessoa jurídica). Assim, quais são as três habilidades específicas do design estratégico e que outros aspectos estão envolvidos?

5. O design de serviços é uma área emergente no âmbito do design com abordagem centrada no usuário e que se caracteriza como um processo cocriativo, sequencial e iterativo. Outro aspecto importante do design de serviços é que envolve a evidência de ações e ofertas, pois serviços intangíveis devem ser visualizados como artefatos físicos, levando-se em conta evidências físicas (pontos de contato). Além disso, tem caráter holístico e sistêmico, visto que todo o ambiente do serviço deve ser levado em consideração juntamente com seu contexto. Para tanto, é necessário que o designer de serviços direcione a solução com base em critérios (ou premissas) que permitam a seleção de soluções sistêmicas e estratégicas entre as alternativas desenvolvidas (Cavalcanti; Filatro, 2016). Quais são esses critérios? Relacione e descreva cada um deles.

QUESTÕES PARA REFLEXÃO

1. A comunidade de profissionais relacionados ao design de serviços cresceu com sucesso desde a década de 1990 e, segundo Mager (2009, p. 40, tradução nossa), "a aplicação bem-sucedida em design de serviço tem sido praticada em basicamente todos os campos de serviço a partir dos setores: bancário, seguros, hotelaria, transporte, telecomunicações, varejo, saúde e educação, só para citar alguns". A autora destaca aplicações bem-sucedidas no campo

dos serviços públicos e sociais, que tornam muito mais fácil para os profissionais da área comunicarem sobre a abordagem em design de serviços, ressaltando sua relevância e seu impacto.

No entanto, Mager (2009) admite que ainda há muitos obstáculos a serem enfrentados até que o design de serviços esteja ancorado no contexto dos serviços como uma contribuição conhecida e inquestionável. A autora ainda discute sobre a necessidade de uma aceitação mais ampla e investimentos em pesquisa, desenvolvimento e design em indústrias de serviços, somados a uma compreensão mais abrangente das contribuições do design de serviços para esse campo emergente. Por fim, Mager (2009) destaca a necessidade de uma educação mais sistemática para o design de serviços, tanto no contexto acadêmico como no profissional. E você, o que pensa sobre isso? Suas percepções coincidem com as reflexões de Birgit Mager (2009)? Com base em tudo o que discutimos até aqui, você acredita que o design de serviços é uma abordagem com impacto positivo no setor? Em sua perspectiva, qual é o papel do designer de serviços no campo dos serviços públicos e sociais? Reflita sobre essas questões e elenque suas percepções sobre o assunto.

2. Segundo Stickdorn e Schneider (2014), o mapa de *stakeholders* corresponde a uma representação visual de todas as partes interessadas em determinado serviço, permitindo a análise e o mapeamento de atividades e relações entre essas pessoas diante do serviço. Desse modo, considere todas as possibilidades presentes

no cenário do serviço que você escolheu para analisar, tais como mercado, características do setor e possíveis parcerias. Se necessário, realize uma breve pesquisa sobre empresas com serviços similares, para investigar tanto as ofertas do serviço como os processos e as ações envolvidas.

Com base nessas informações, inicie o mapeamento dos *stakeholders*, considerando o ambiente interno do serviço analisado desde os capítulos anteriores. Os *stakeholders* devem corresponder ao prestador de serviços, bem como a todos os funcionários e àqueles parceiros que estão diretamente ligados ao serviço, ou seja, aos que podem ser gerenciados diretamente pela empresa em questão. Em seguida, mapeie os demais *stakeholders* relacionados ao ambiente externo do serviço. Nessa parte do mapa, você vai identificar usuário, parceiros, fornecedores e qualquer outra pessoa, grupo de pessoas, organizações ou instituições que exerçam influência ou tenham algum tipo de parceria com o serviço. Visualize os resultados e analise as relações entre esses *stakeholders*. Verifique se todos estão alocados de forma lógica e consistente com o serviço que você está usando de base. Guarde o material obtido, pois ele será necessário para o desenvolvimento de outras atividades sugeridas neste livro.

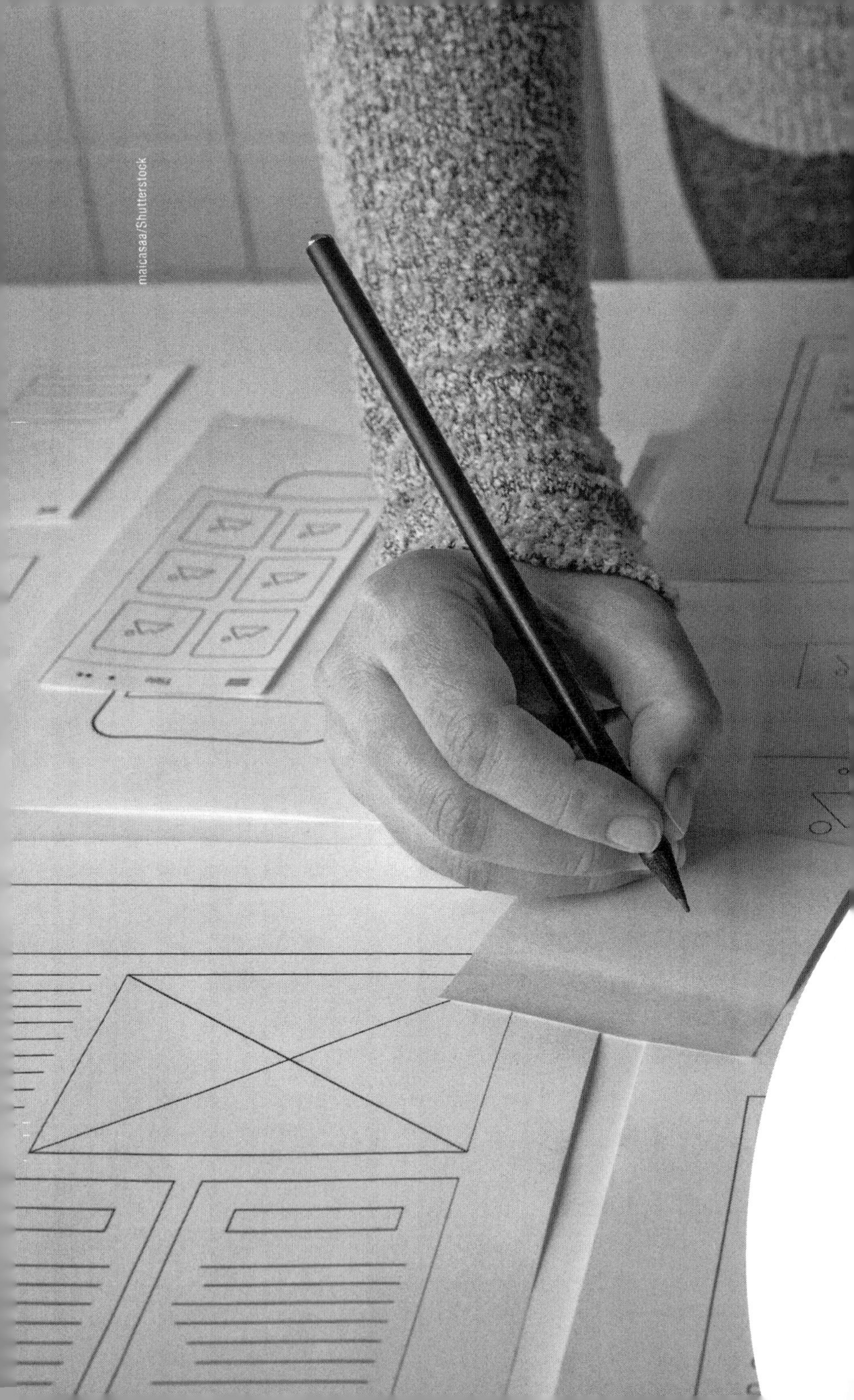

Capítulo 4

MODELOS E PROCESSOS PARA O DESIGN DE SERVIÇOS

Conteúdos do capítulo:
- Métodos de design utilizados em design de serviços.
- Método do diamante duplo.
- Verificação de protótipos relacionados ao serviço.

Após o estudo deste capítulo, você será capaz de:
1. reconhecer os principais métodos de design utilizados em design de serviços;
2. reconhecer as etapas de desenvolvimento do método do diamante duplo e aplicá-lo para desenvolver projetos orientados a serviços;

3. compreender as características e procedimentos envolvidos no primeiro diamante do método do diamante duplo, dando ênfase às etapas de descoberta e definição;

4. compreender os direcionamentos do segundo diamante do método do diamante duplo e suas implicações no desenvolvimento de soluções em design de serviços, considerando as etapas de desenvolvimento e entrega;

5. compreender os aspectos envolvidos na verificação de protótipos relacionados ao serviço, com vistas à identificação de melhorias e ajustes que permitam a implementação do serviço.

Como vimos nos capítulos anteriores, o design de serviços é ancorado em uma abordagem de design centrado no ser humano e, muitas vezes, precisa prever ações para entender ou influenciar o comportamento das pessoas. Portanto, é comum observar que é a perícia psicológica ou antropológica que enriquece os projetos orientados a serviços.

Contudo, esses projetos também podem ser beneficiados por um conhecimento específico da área de atuação do serviço ou por algum *insight* (ideia inicial) sobre tecnologias ou tendências associadas ao projeto, como aponta Birgit Mager (2009). Segundo essa autora, entende-se que, ao ser iniciado o processo de design de serviços, a cocriação passa a fazer parte do processo de duas maneiras: 1) quando usuários e prestadores de serviços estão totalmente integrados no processo de exploração e criação, envolvendo experiência externa no design de serviços e trazendo experiência para a organização do cliente, de forma a prepará-los para uma continuação independente no pensamento e na ação de design de serviços; 2) quando a cocriação também diz respeito à oferta de serviço que, por definição, delimita que a maioria dos serviços é coproduzida, ou seja, o design integra os usuários como partes ativas no processo de entrega de serviços, vendo--os não como consumidores passivos, mas como parceiros ativos e cocriadores de valor. Assim, precisamos compreender a cocriação como uma abordagem essencial desde o início do processo de design, independentemente do método empregado. Mas, então, por onde o designer deve começar? Qual método ele deve utilizar? É disso que trataremos neste capítulo.

4.1 Modelos de *design thinking* e sua aplicação em design de serviços

As premissas apresentadas apontam para uma abordagem pautada pelo *design thinking* nos processos que envolvem soluções em design de serviços. Segundo Tim Brown (2010), o *design thinking* corresponde ao pensamento não convencional para solucionar problemas, formulando questionamentos que implicam a apreensão ou compreensão de diferentes situações.

Adicionalmente, Carolina Cavalcanti e Andrea Filatro (2016, p. 20) definem *design thinking* como "uma abordagem que catalisa a colaboração, a inovação e a busca por soluções mediante a observação e a cocriação, a partir do conceito de prototipagem rápida e da análise de diferentes realidades". As autoras relacionam as seguintes características ao *design thinking*:

- abordagem centrada no ser humano;
- ação diante da situação-problema;
- abordagem colaborativa;
- processo orientado à cultura de prototipagem;
- ênfase na demonstração das ideias;
- processo iterativo para alcançar uma solução.

Assim, o *design thinking* é direcionado para lidar com o que é novo, construindo algo que, muitas vezes, ainda nem existe ou que é diferente, revolucionário ou disruptivo (Cavalcanti; Filatro, 2016). Como metodologia, apresenta diferentes abordagens e modelos processuais, mas com etapas de aplicação muito semelhantes:

- **Modelo IDEO**[1] – Trata-se de um modelo de design cujo processo está orientado por três fases iterativas de desenvolvimento. A primeira etapa compreende a inspiração, que envolve a compreensão do contexto em que o problema se insere. A segunda etapa corresponde à ideação para desenvolver e testar ideias, cujas soluções sejam correspondentes a esse problema. A terceira e última etapa consiste na implementação, mediante a prototipação e o teste da solução.

---

[1] IDEO é uma empresa internacional de design e consultoria em inovação.

Figura 4.1 – **As três atividades-chave do processo de *design thinking* no modelo IDEO**

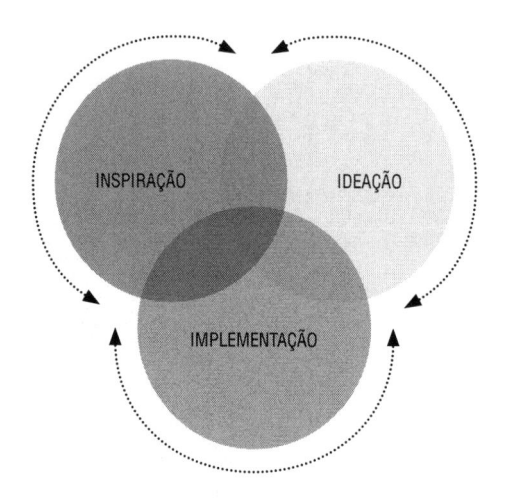

[Diagrama de Venn com três círculos sobrepostos rotulados: INSPIRAÇÃO, IDEAÇÃO, IMPLEMENTAÇÃO]

Fonte: Elaborado com base em Brown, 2010.

- **Esquema representativo do processo de design thinking** – Inspirados no modelo de *design thinking* da IDEO, Mauricio Vianna et al. (2012) propõem um modelo de design para inovação em negócios. Nesse modelo, observamos as três fases iterativas de desenvolvimento, porém existe uma fase intermediária entre as etapas de imersão – para a compreensão do contexto – e ideação – para o desenvolvimento de ideias. A etapa intermediária corresponde à análise e síntese, sendo configurada para reunir e analisar todas as informações obtidas na etapa de imersão, de forma a sintetizar e preparar tais informações para serem utilizadas nas próximas etapas do processo. Na terceira e última etapa, ocorre a prototipação, para prototipar e testar a solução.

Figura 4.2 – **Modelo de design para inovação em negócios**

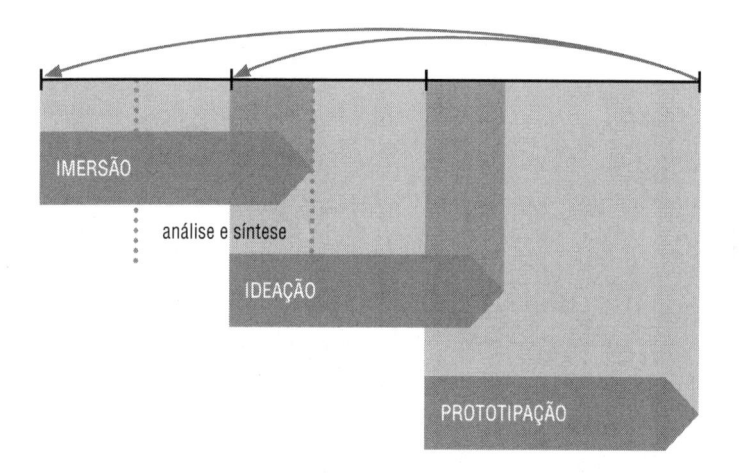

IMERSÃO

análise e síntese

IDEAÇÃO

PROTOTIPAÇÃO

Fonte: Vianna et al., 2012, p. 18.

- *Design Thinking* **101** – Nesse modelo, o processo segue uma estrutura geral de três etapas maiores, divididas entre compreender, explorar e materializar. Cada uma dessas etapas é subdividida em seis fases menores (empatizar, definir, idealizar, prototipar, testar e implementar), indicando a possibilidade de serem retomados procedimentos (iteração), quando necessário.

O modelo da Figura 4.3, a seguir, representa a integração entre essas etapas e fases, sinalizando os principais momentos em que a iteração pode ocorrer.

Figura 4.3 – **Modelo *Design Thinking* 101**

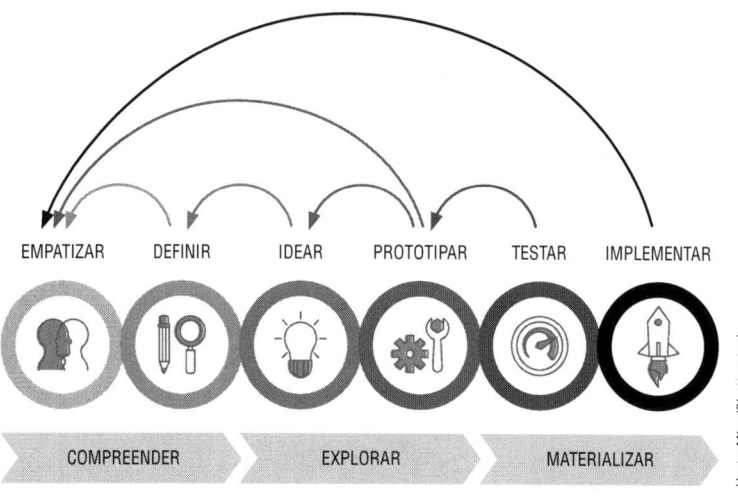

EMPATIZAR — DEFINIR — IDEAR — PROTOTIPAR — TESTAR — IMPLEMENTAR

COMPREENDER ▸ EXPLORAR ▸ MATERIALIZAR

Fonte: Gibbons, 2016, tradução nossa.

- **Método do diamante duplo** – Trata-se do modelo desenvolvido pela British Design Council, em que o processo de design é organizado em quatro etapas, divididas entre descobrir, definir, desenvolver e entregar (Figura 4.4). O primeiro diamante compreende as etapas de descoberta (para divergir por meio da pesquisa e coleta de informações) e definição (para convergir por meio de *insights* que direcionem à compreensão do contexto). O segundo diamante corresponde às etapas de desenvolvimento (para divergir e gerar diferentes ideias com foco no problema) e entrega (para convergir e prototipar soluções).

Figura 4.4 – **Método do diamante duplo**

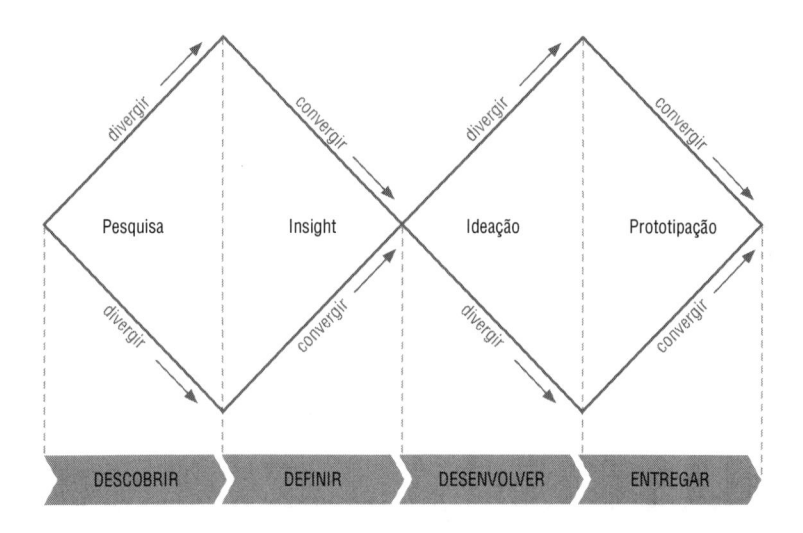

[Diagrama do diamante duplo: dois losangos lado a lado indicando as fases divergir/convergir. Pontos: Pesquisa, Insight, Ideação, Prototipação. Abaixo, setas sequenciais: DESCOBRIR › DEFINIR › DESENVOLVER › ENTREGAR.]

Fonte: Elaborado com base em Stickdorn; Schneider, 2014; Soluce, 2020.

Independentemente do modelo, podemos observar nítidas semelhanças na maneira como o processo de design é conduzido. A escolha entre esses modelos por parte do designer está relacionada às características do projeto e às ferramentas utilizadas, sendo possível adaptar as etapas do processo de design conforme necessário. Neste livro, optamos por utilizar o modelo do diamante duplo como referência, em razão de sua estrutura geral, que permite enxergar os momentos divergentes e convergentes do projeto, enfatizando o caráter iterativo do processo.

4.1.1 O processo de design de serviços

Frequentemente, o design de serviços é descrito como um processo orientado pelo modelo mental do design, possibilitando o encontro de "soluções elegantes e inovadoras por meio de ciclos iterativos de pesquisa e desenvolvimento", como observam Marc Stickdorn et al. (2020). Embora o processo de design em seus mais variados modelos não seja linear, ele segue uma estrutura geral sequenciada, porém com abordagem iterativa (Stickdorn; Schneider, 2014). Segundo Stickdorn et al. (2020), a iteração consiste em realizar uma série de procedimentos por meio de ciclos exploratórios que podem ser aprofundados à medida que vão se repetindo durante o processo de desenvolvimento de soluções.

Outra característica dos modelos utilizados para apoiar o processo de design de serviços é a possibilidade de serem envolvidas diferentes disciplinas na condução de soluções. Dessa forma, esses modelos conduzem o design para novas possibilidades, cujas decisões se pautam por análises cuidadosas das informações coletadas durante o desenvolvimento do projeto, prevendo-se planos para o futuro da solução e operações controladas conforme esses planos, como relatam André Coutinho e Anderson Penha (2017). Esses autores acrescentam que a abordagem em design colabora para que as partes envolvidas na solução estejam comprometidas com uma jornada desconhecida, porém guiada de forma empática pelo design por meio de conexões entre elementos que antes eram desconexos.

Tendo isso em vista, identificamos os seguintes princípios associados ao design de serviços (mencionados no capítulo anterior), independentemente do modelo de design adotado para realizar o processo de desenvolvimento da solução em design de serviços (Plentz, 2019):

- **Centrado no usuário** – Os serviços devem ser testados por meio do olhar do cliente.
- **Cocriativo** – Todos os *stakeholders* (partes envolvidas na solução) devem ser incluídos no processo.
- **Sequencial** – O serviço deve ser visualizado como uma sequência de ações inter-relacionadas.
- **Evidente** – Serviços intangíveis devem ser visualizados como artefatos físicos.
- **Holístico/sistêmico** – Todo o ambiente de um serviço deve ser levado em consideração.

Portanto, alguns elementos se tornam essenciais ao design de serviços (Plentz, 2019). As pessoas, por exemplo, são parte essencial dos serviços e envolvem usuários, clientes, prestadores de serviços e *stakeholders*, que correspondem à demais partes que têm algum tipo de interesse ou influência sobre o serviço. Outro elemento essencial corresponde aos componentes, cujos pontos de contato, evidências e períodos favorecem a tangibilidade, ou seja, aquilo que torna o serviço mais perceptível aos usuários. Os pontos de contato, por exemplo, envolvem toda e qualquer instância de contato entre o usuário e o provedor do serviço, enquanto as evidências do serviço correspondem a artefatos tangíveis relacionados ao processo do serviço. Quanto ao período, ele pode ser planejado entre o pré-serviço, o serviço propriamente dito e o pós-serviço, considerando-se a jornada de interação entre o usuário e o serviço proposto. Dessa maneira, situações, princípios e elementos estão relacionados na condução de processos iterativos no design de serviços, visto que esses itens permitem que sejam obtidos e testados resultados parciais a cada etapa, retomando-se procedimentos para alcançar resultados mais adequados para o problema a ser solucionado, sempre que necessário (Stickdorn; Schneider, 2014), como ilustra a Figura 4.5.

Figura 4.5 – **Processo iterativo**

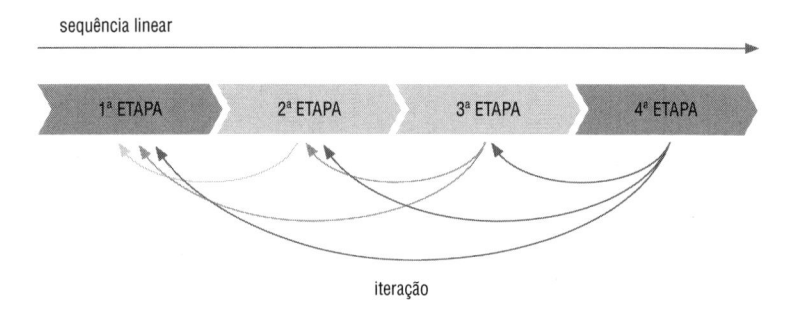

sequência linear

| 1ª ETAPA | 2ª ETAPA | 3ª ETAPA | 4ª ETAPA |

iteração

Fonte: Elaborado com base em Stickdorn; Schneider, 2014.

Assim, entendemos que "os melhores processos de design são aqueles que se adaptam ao problema a ser resolvido – e não o inverso" (Stickdorn et al., 2020, p. 83). De acordo com Stickdorn et al. (2020), todos os modelos utilizados durante o processo de design centralizam os seguintes padrões recorrentes para criar e selecionar opções:

- **pesquisa** – geração de conhecimento por meio de métodos e técnicas de pesquisa cujos dados são reorganizados para extrair ideias-chave;

- **criação** – geração de oportunidades a serem filtradas em processos de tomada de decisão, chegando-se a um conjunto de ideias promissoras;
- **prototipagem e implementação** – exploração e construção de soluções potenciais que permitam avaliação e nova tomada de decisão.

Portanto, os processos de design integram fases divergentes, para buscar oportunidades, e fases convergentes, para tomar decisões durante o desenvolvimento de soluções em design de serviços (Stickdorn et al., 2020), conforme demonstra a Figura 4.6.

Figura 4.6 – **Fases divergentes e convergentes do processo de design**

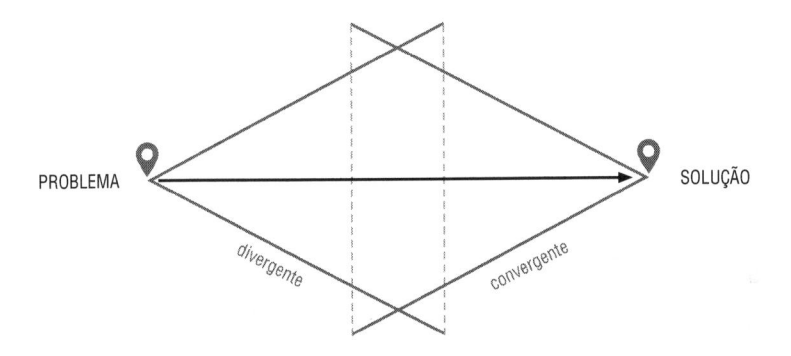

Fonte: Elaborado com base em Stickdorn et al., 2020.

Dessa forma, o *design thinking* se configura como uma abordagem muito utilizada no desenvolvimento de soluções em design de serviços, em parte em virtude de seu direcionamento cognitivo que se orienta pelo aspecto humano em diferentes situações problemáticas.

4.2 O método do diamante duplo como processo aplicado ao design de serviços

O método do diamante duplo (*double diamond*) consiste em uma metodologia, desenvolvida pela British Design Council – agência de design britânica – em 2005, que sistematiza os princípios do design em uma estrutura simples e intuitiva, que permite uma série de iterações durante o processo de design (Stickdorn; Schneider, 2014). Os dois diamantes presentes na estrutura representam o pensamento divergente e o pensamento convergente, conforme os conceitos apresentados em *design thinking*, que são aplicados a essa metodologia (Soluce, 2020). Observe a Figura 4.7, que já havia sido apresentada anteriormente.

Figura 4.7 – **Método do diamante duplo**

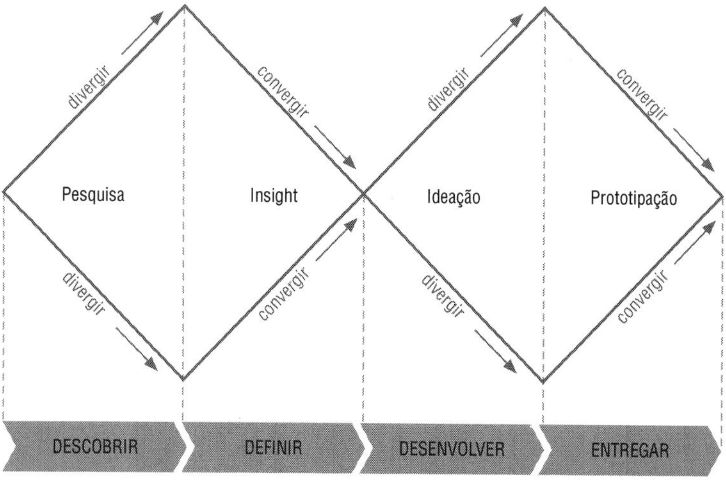

Fonte: Elaborado com base em Stickdorn; Schneider, 2014; Soluce, 2020.

Com base nessa estrutura, notamos que cada diamante tem uma função distinta. O primeiro diamante busca divergir em busca de informações para explorar o problema, de forma a expandir todas as possibilidades de informar-se sobre o contexto em que o problema está inserido, bem como convergir para definir o problema, resultando em *insights* importantes que vão orientar a condução das próximas etapas. Já o segundo diamante diverge no desenvolvimento de ideias e converge na escolha de uma solução para o problema que foi definido no primeiro diamante. Contudo, esse modelo prevê um processo bastante flexível, com liberdade e autonomia para se retomarem diferentes etapas do ciclo, quando necessário (Soluce, 2020).

No contexto do design de serviços, Stickdorn et al. (2020, p. 88) destacam que, "independentemente do projeto, é preciso sempre entender as necessidades do usuário, trabalhar de forma iterativa, contar com fases divergentes e convergentes e assim por diante". Nesse sentido, esses autores observam a importância de se considerarem diferentes ideias, alternativas e oportunidades durante a condução do processo de design, buscando-se assegurar que o problema foi corretamente resolvido.

Stickdorn et al. (2020) reforçam que o processo de design de serviços nunca é linear, pois precisa explorar o problema constantemente, de forma a adaptar e construir uma série de ciclos iterativos para aprofundar diferentes questões do projeto. Cabe ressaltar que a natureza iterativa do processo de design de serviços e sua necessidade de adaptação tornam difícil sua visualização. Enquanto alguns modelos representam as iterações por meio de círculos ou arcos, o modelo do diamante duplo utiliza os triângulos que compõem seus diamantes para representar diferentes momentos, em que a abertura (divergência) do processo serve para coletar informações e gerar ideias e o fechamento (convergência) serve para definir o problema e materializar a solução. Assim, iterações podem ocorrer entre divergências e convergências do processo, sem esgotar as possibilidades de retorno entre as etapas do projeto. Mas como se inicia a aplicação do método do diamante duplo no desenvolvimento de soluções em design de serviços? É isso o que veremos a seguir.

4.3 O primeiro diamante e o processo de pesquisa no design de serviços

Durante a condução do processo de design com base no método do diamante duplo, temos, no primeiro diamante, a etapa de descoberta, que corresponde à coleta de informações. Assim, a parte inicial do primeiro diamante se caracteriza pela divergência de informações por meio da abertura da pesquisa para levantar o máximo de informações que possam servir ao projeto. Somente após essa divergência é que as informações começam a ser estudadas e selecionadas, caracterizando a etapa de definição, com a convergência de informações para delimitar e direcionar a condução do processo. Nesse sentido, identificamos a pesquisa como aspecto caraterístico do primeiro diamante.

Ao conduzir uma pesquisa durante o processo de design de serviços, o designer pode identificar tanto problemas e necessidades dos usuários como zonas de oportunidade. Também pode encontrar lacunas de experiência em serviços ou produtos, buscar inspiração em outras situações ou, ainda, testar e verificar algumas ideias, conceitos e protótipos, como apontam Stickdorn et al. (2020). De acordo com esses autores, o planejamento da pesquisa é essencial para direcionar os resultados interessantes com o mínimo de recursos. Assim, o planejamento deve servir como um conjunto de regras gerais úteis para conduzir o processo de pesquisa.

Nesse sentido, a pesquisa pode ser planejada pelo designer com base na seguinte estrutura (Stickdorn et al., 2020):

- **Escopo da pesquisa** – É necessário delimitar o projeto de forma exploratória (para compreender mais o contexto) ou confirmatória (para validar pressupostos quanto ao problema), além de identificar se a pesquisa se aplica a serviços e produtos existentes ou ao desenvolvimento de novas ideias e conceitos.
- **Pergunta da pesquisa** – É preciso derivar a pergunta de um *briefing* (conjunto de informações e diretrizes do projeto), de reclamações dos usuários, de observações dos prestadores de serviços, de uma pesquisa preparatória ou de *workshops*, considerando-se diferentes objetivos. De qualquer forma, embora a pergunta possa ser vaga ou ampla no início do processo, ao longo das iterações, ela pode ser refinada ou reformulada até que se obtenha maior especificidade.
- **Planejamento da pesquisa** – É necessário analisar quais procedimentos podem fornecer respostas úteis para a pergunta da pesquisa em diferentes etapas do processo. Para tanto, uma pesquisa preparatória é útil para direcionar o que vai ser preciso investigar. Em seguida, o planejamento da pesquisa deve contemplar os seguintes aspectos:

› Ciclos da pesquisa – Tendo em vista a iteratividade do processo, deve-se planejar uma sequência de rodadas de pesquisa, mirando-se nas perguntas importantes para nortear sua condução. Nesse sentido, os ciclos envolvem diferentes procedimentos que devem ser rodados para se obterem as informações necessárias.

› Seleção de amostras – É preciso definir o que deve fazer parte da pesquisa. É possível utilizar estratégias para reunir um conjunto de dados representativos conforme o escopo e a pergunta da pesquisa. Porém, em virtude do caráter qualitativo das pesquisas relacionadas a design de serviços, a seleção de amostras (tanto amostras participantes como situações ou referências de projeto) envolve a combinação de diferentes técnicas de amostragem, como a identificação de critérios para auxiliar na inclusão ou exclusão de amostras de acordo com o escopo da pesquisa.

› Contexto da pesquisa – Deve-se definir quando e onde conduzir a pesquisa, pois isso interfere na compreensão do problema juntamente com fatores externos, como a experiência e o comportamento das pessoas, o clima, os feriados e os grandes eventos.

› Tamanho da amostra – É necessário definir quantas amostras devem compor a pesquisa (participantes, situações ou referências) antes da coleta de dados, porém de forma flexível. Ou seja, quando os novos dados coletados não trazem novos *insights* em relação à pergunta da pesquisa, é hora de encerrar a coleta.

- **Coleta de dados** – Podem ser utilizados métodos quantitativos de coleta, baseados na quantidade de dados obtidos (como enquetes, questionários e dados estatísticos), ou métodos qualitativos, que envolvem informações muitas vezes subjetivas e obtidas por meio de consulta. Independentemente do método, a coleta de dados permite visualizar, sintetizar e analisar informações da pesquisa e direcionar a condução do processo.

- **Visualização, síntese e análise de dados** – A visualização das informações fornece uma visão geral da quantidade de informações disponíveis e da estrutura de dados complexos, bem como possibilita a identificação de padrões e de lacunas. Os dados podem ser sintetizados por meio de murais de pesquisa e ferramentas de síntese que auxiliam na análise e na revisão.

- **Resultados da pesquisa** – Servem como ponto de partida para outras atividades envolvidas no processo de design de serviços, o que inclui a implementação dessas atividades.

Com base nessa estrutura, a pesquisa pode ser conduzida para se obterem informações relevantes e essenciais para o desdobramento do processo. Mas quais procedimentos devem ser utilizados? Abordaremos esse tema no Capítulo 5.

4.3.1 **Etapa de descoberta: explorando aspectos do serviço**

A etapa de descoberta consiste no primeiro momento do processo de design por meio do método do diamante duplo. Nessa etapa, é necessário identificar quais são os rumos do projeto, o qual deve resultar na solução em design de serviços. Para tanto, a descoberta ocorre de forma investigativa, com foco na ampla compreensão do problema, considerando-se as necessidades das pessoas envolvidas, bem como no entendimento dos objetivos do serviço e na identificação de oportunidades. Consiste, portanto, em uma etapa de divergência, ou seja, envolve a exploração e a reflexão sobre as informações investigadas para compor uma base de discussão entre os profissionais envolvidos na composição da solução (Soluce, 2020). Observe a Figura 4.8, a seguir.

Figura 4.8 – **Método do diamante duplo: etapa de descoberta**

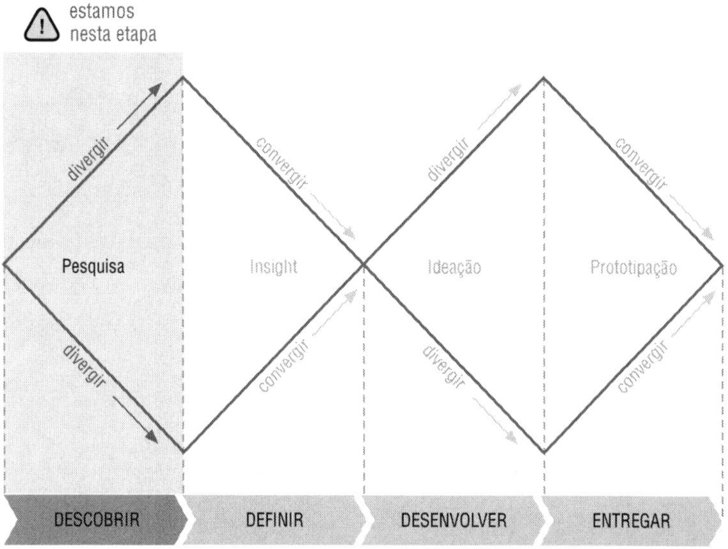

Fonte: Elaborado com base em Stickdorn; Schneider, 2014; Soluce, 2020.

Assim, Stickdorn e Schneider (2014) observam que essa etapa inicial raramente começa com o usuário, apesar de o processo de design de serviços ser centrado no ser humano. O processo se inicia com a compreensão do contexto e a identificação do problema a ser solucionado, considerando-se o ponto de vista da empresa ou do prestador de serviços diante desse problema. Nesse sentido, Stickdorn e Schneider (2014) delimitam alguns passos importantes que podem guiar o designer durante a etapa de descoberta:

1. compreender a cultura da empresa ou do prestador de serviços e suas metas quanto à oferta do serviço;
2. identificar o problema real a ser resolvido com base no entendimento do contexto a partir da ótica dos usuários atuais e potenciais do serviço, de forma sistêmica;
3. visualizar as informações coletadas e, quando possível, a estrutura subjacente dos serviços, de modo a simplificar processos complexos e intangíveis.

Diante desses passos, podemos compreender a importância de se iniciar o processo de design pela pesquisa, que pode, até mesmo, ser conduzida durante todo o processo. Para tanto, o planejamento é essencial.

4.3.2 **Etapa de definição: definindo contextos e *insights* para serviços**

Com base nas informações coletadas e na síntese dessas informações para a consequente visualização e análise, são gerados aspectos divergentes que precisam agora convergir e direcionar o desenvolvimento da solução em design de serviços. Assim, o designer pode iniciar a etapa de definição com base nas descobertas e nos *insights* obtidos na primeira etapa (descoberta). Observe a Figura 4.9, a seguir.

Figura 4.9 – **Método do diamante duplo: etapa de definição**

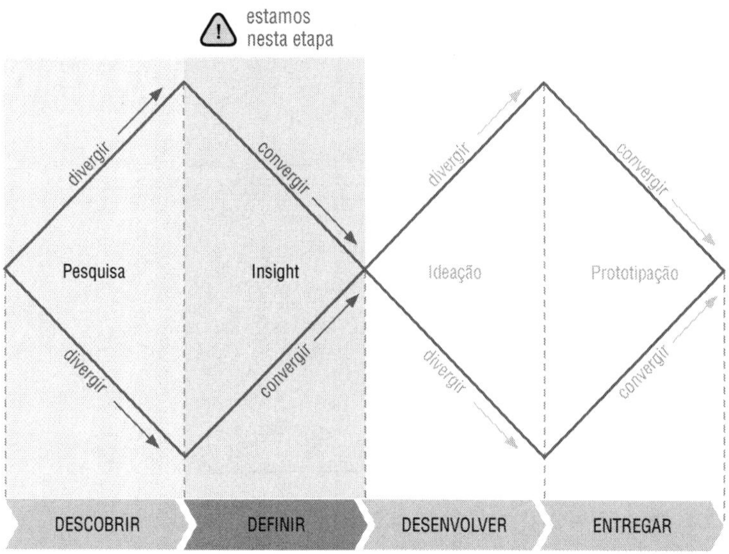

Fonte: Elaborado com base em Stickdorn; Schneider, 2014; Soluce, 2020.

Para tanto, o designer precisa filtrar informações para convergir e identificar um consenso em relação a problemas específicos e a oportunidades que não estão sendo bem aproveitadas no serviço (Soluce, 2020). Segundo Marc Stickdorn e Jakob Schneider (2014), é na etapa de definição que o designer começa a delinear um conceito para direcionar o projeto, por meio de *insights*. Assim, o objetivo dessa etapa consiste em testar ideias e conceitos repetidamente, visto que uma das características do *design thinking* como abordagem para o design de serviços "é o fato de que essa abordagem não pretende evitar erros, e sim explorar o maior número possível de erros" (Stickdorn; Schneider, 2014, p. 132). Ou seja, é crucial para o desenvolvedor do projeto identificar o quanto antes os erros e aprender com eles antes de adotar e implementar novos conceitos.

De acordo com Henrique Carvalho (2019), o designer sintetiza todo o conhecimento que foi explorado e descoberto na etapa anterior por meio de *insights*. Ele deve se concentrar em identificar as oportunidades mais atraentes e segui-las a partir da convergência de perspectivas e da definição de como se posicionar diante do problema a ser solucionado. No entanto, isso não significa que ele precisa definir todos os detalhes da solução, e sim estabelecer uma estratégia inicial para a execução da solução, considerando que esta deve se adaptar constantemente a novas descobertas que vão surgir ao longo do processo. Assim, é importante focar sempre os resultados desejados ou o impacto que se pretende alcançar.

Nesse sentido, na etapa de definição, é preciso desenvolver estratégias para o delineamento de soluções pautadas pelos problemas identificados, considerando-se as necessidades, as motivações e as expectativas dos usuários, assim como os processos e as restrições dos provedores do serviço (Stickdorn; Schneider, 2014). Reconhecer as jornadas dos usuários e fazer o mapeamento de experiências e de serviços ajuda o designer na definição dessas estratégias, pois estabelece uma sequência de pontos de contato e evidências relevantes para o direcionamento do desenvolvimento de soluções em design de serviços. Adicionalmente, a inclusão de todas as partes envolvidas no serviço (usuários, funcionários e *stakeholders*) é essencial para obter soluções cocriativas, holísticas, sistêmicas e sustentáveis.

Portanto, a etapa de definição está focada na seleção de *insights*, indicando o que é possível e adequado à realidade do serviço. Nesse contexto, a correta identificação do problema é fundamental para o bom aproveitamento dos *insights*. Entretanto, é conveniente confirmar tudo o que for definido nessa etapa com os provedores do serviço, de forma a garantir que o projeto esteja no caminho certo para alcançar a solução desejada. Porém, caso haja alguma falha, o caráter iterativo desse processo permite ao designer reiniciar esta etapa ou a anterior (Carvalho, 2019), antes mesmo de configurar a solução, evitando maiores gastos, tanto de tempo como financeiros.

Como apontam Stickdorn et al. (2020, p. 86), os "processos de design são conscientemente concebidos para garantir que identifiquemos o problema certo antes de gastarmos nosso tempo e dinheiro resolvendo o problema do 'jeito certo'", o que nem sempre acontece de forma natural. Nessa perspectiva, o designer precisa estar sempre atento e certificar-se de que o problema foi devidamente identificado e compreendido antes de prosseguir com a solução. Para tanto, deve utilizar o primeiro diamante no método do diamante duplo para estabelecer claramente o escopo real do projeto, delimitando-o e testando-o na etapa de definição, como ilustra a Figura 4.10.

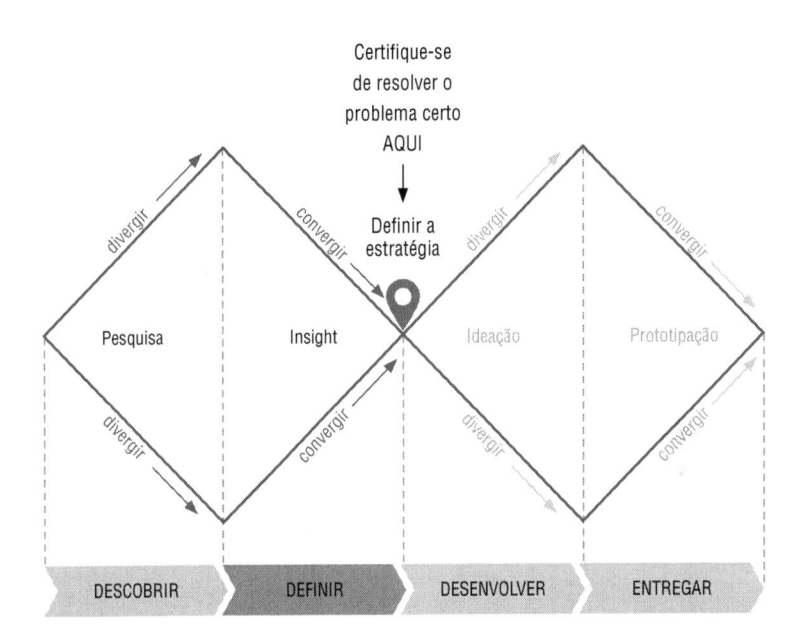

Figura 4.10 – **Método do diamante duplo: definição da estratégia**

```
                    Certifique-se
                    de resolver o
                    problema certo
                        AQUI
                          ↓
                       Definir a
                       estratégia

   Pesquisa      Insight          Ideação          Prototipação


   [ DESCOBRIR  >  DEFINIR  >  DESENVOLVER  >  ENTREGAR ]
```

Fonte: Elaborado com base em Stickdorn; Schneider, 2014; Soluce, 2020; Stickdorn et al., 2020; Carvalho, 2019.

Mas como o designer pode se certificar do problema e do escopo do projeto antes de seguir com o desenvolvimento propriamente dito? Utilizando as ferramentas mais adequadas ao projeto e interpretando os resultados para configurar definições assertivas, como veremos no Capítulo 5.

4.4 O segundo diamante e o processo de ideação no design de serviços

Como vimos anteriormente, o método do diamante duplo foi concebido pelo British Design Council entre 2005 e 2007, com base em uma pesquisa sobre os processos de design utilizados por equipes bem-sucedidas em vários setores, incluindo ações voltadas a serviços. Por meio dessa pesquisa, foi possível perceber que as equipes dividiam seus projetos em duas grandes fases: a primeira para reconhecer e definir o escopo real do projeto e a segunda para iniciar o desenvolvimento da solução, considerando o gerenciamento visual, a prototipação e as testagens (Stickdorn et al., 2020). Ou seja, somente depois de compreender profundamente o contexto, delimitar o problema a ser resolvido e definir estratégias de ação é que essas equipes iniciavam o desenvolvimento propriamente dito.

Tendo isso em vista, o British Design Council desenhou o método do diamante duplo: o primeiro diamante diverge e converge informações para compor o escopo do projeto e definir estratégias, enquanto o segundo diamante diverge e converge possibilidades para configurar uma solução adequada ao problema. Assim, o designer inicia o segundo diamante tendo em mente estratégias e critérios norteadores delimitados no diamante anterior, além de toda a bagagem informacional para alimentar o processo até a conclusão.

Nesse sentido, é necessária a certificação de que o problema foi devidamente definido para, então, iniciar o desenvolvimento e sua consequente prototipação, com vistas à entrega do serviço. Assim, o segundo diamante se caracteriza pela materialização da solução, quando as respostas às perguntas de pesquisa começam a ser respondidas e o processo dá início a uma nova divergência, agora para gerar alternativas de solução (Carvalho, 2019). Ou seja, o segundo diamante se caracteriza pela configuração dos *insights*, por extensa cocriação e muita prática. Para compreender melhor como o processo de ideação pode ser conduzido durante a etapa de desenvolvimento, observe o diagrama da Figura 4.11.

Figura 4.11 – **O processo de ideação em design de serviços**

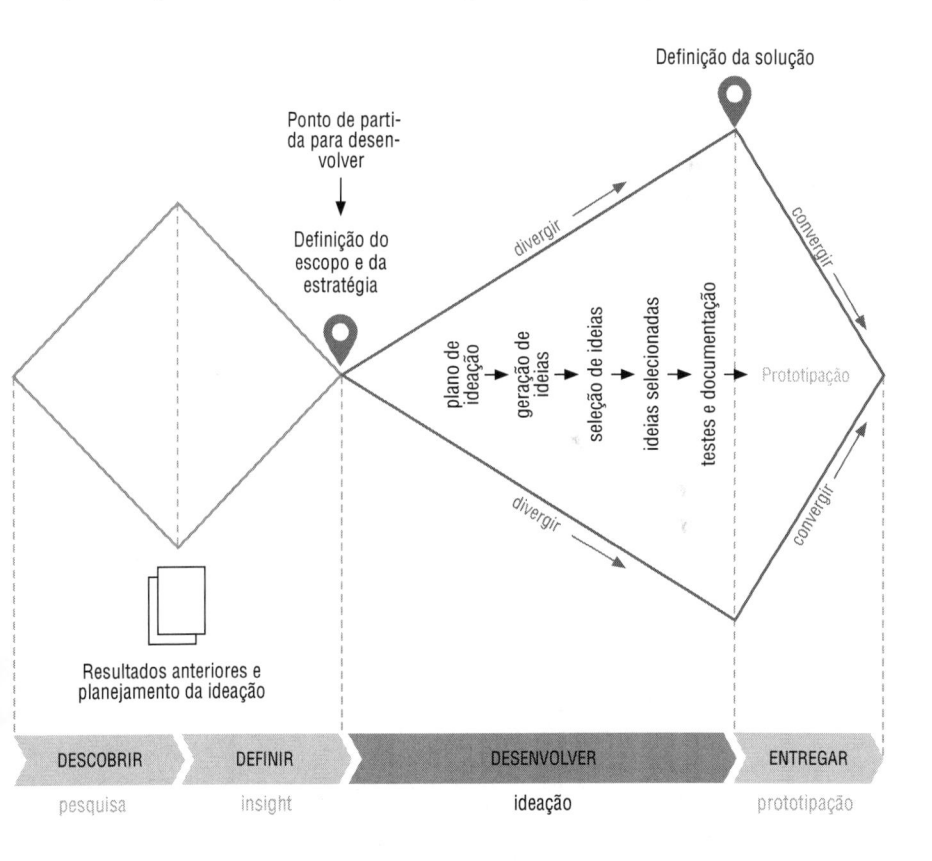

Fonte: Elaborado com base em Stickdorn; Schneider, 2014; Soluce, 2020; Stickdorn et al., 2020.

Ao conduzir o processo de ideação, o designer deve observar as seguintes fases (Stickdorn et al., 2020):

- **Planejamento da ideação** – Em função do caráter divergente da etapa de desenvolvimento, é importante estabelecer algumas premissas para orientar a ideação. Porém, embora os dados coletados nas etapas anteriores, os *insights* e as perguntas de pesquisa forneçam embasamento significativo para ser iniciada a ideação, primeiramente é necessário considerar alguns planos iniciais:
  › Ponto de partida – Corresponde ao escopo do projeto, resultante das etapas anteriores. É importante reexaminar os resultados para obter uma imersão da equipe que vai desenvolver o projeto.
  › Imersão e inspiração – Corresponde ao momento de incorporar a essência do problema e os dados coletados para inspirar a ideação. Para tanto, é possível utilizar artefatos, citações, imagens e gravações para proporcionar imersão e inspirar os participantes ativos no desenvolvimento da solução.
  › Divisão do desafio – Consiste em dividir as ideias em várias trilhas que permitam o gerenciamento, durante a ideação, da equipe de desenvolvimento, de forma a perceber zonas de oportunidade que possam sugerir caminhos para a ideação.
  › Seleção de colaboradores – Consiste em selecionar pessoas que possam contribuir para a ideação, tendo por base o mapeamento de *stakeholders*, relacionando-os às zonas de oportunidade e cuidando para que essas pessoas estejam misturadas durante a ideação, de forma a extrair boas ideias de cada participante.

› Seleção do método – Consiste em selecionar cuidadosamente as ferramentas de tomada de decisão (seleção de ideias) que vão compor as rodadas de ideação.
› Planejamento das rodadas de ideação – Consiste em definir como as diferentes sessões de cocriação podem gerar e selecionar ideiais e como estas se relacionam entre si. É importante prever a flexibilidade das ferramentas, de forma a modificar, incluir ou excluir ferramentas, se for necessário.
› Definição dos critérios de "aviso de parada" – Consiste em quantificar um número razoável de ideias a serem desenvolvidas, para facilitar a condução das sessões de ideação.
› Correção dos resultados – Consiste em definir quantas ideias são necessárias e qual é o formato delas para que possam ser utilizadas e materializadas posteriormente.
- **Geração de ideias** – Envolve as seguintes atividades:
  › *Briefing* – Antes de se iniciar a geração de ideias, é possível preparar e inspirar os participantes por meio de um *briefing*, que pode ser apresentado para indicar o tema da atividade de ideação, fornecendo informações básicas sobre o contexto e permitindo sua exploração. O *briefing* também pode alinhar as expectativas dos participantes e oferecer uma base conceitual dos temas mais importantes.
  › Uso de métodos e ferramentas – Envolve a combinação adequada de ferramentas para reduzir conflitos entre diferentes perspectivas, aproveitando-se ao máximo suas características. A ideia é estimular a criatividade entre os participantes.
  › Gestão de energia – Envolve o uso de técnicas de aquecimento para ajudar na produtividade dos participantes durante a sessão de ideação.

- **Seleção de ideias** – Após a geração de ideias em uma zona de divergência, é o momento de convergir e definir quais ideias devem seguir adiante. Para tanto, o designer pode considerar fases intermediárias a fim de analisar o que foi concebido até então para, depois, dar continuidade ao processo de ideação, considerando os seguintes aspectos:
  › Zona de suspiro – Antes de convergir as ideias e tomar decisões, é possível conduzir os participantes ao entendimento das opções disponíveis. Para tanto, os grupos de ideação podem sentir a necessidade de explorar e organizar seu pensamento por meio de perguntas e classificação de itens ou utilizar outras ferramentas para esclarecer eventuais dúvidas sobre as ideias. Em outros momentos, talvez seja necessária uma pausa para um pequeno intervalo ou para um intervalo maior, permitindo-se reflexões antes de seguir com tomadas de decisão.
  › Contexto físico das decisões – O ambiente precisa ser preparado adequadamente para favorecer o processo de tomada de decisão entre os participantes. Em design de serviços, o processo de orientação à decisão e as discussões desencadeadas nesse contexto são igualmente relevantes. Os recursos visuais e os materiais de apoio – diagramas, canetas, blocos de anotações, marcadores etc. – facilitam a discussão e a visualização dos diferentes pontos de vista e estimulam as funções cognitivas. Para tanto, é fundamental um ambiente que permita acomodar tanto os participantes como os materiais de apoio à ideação e à seleção de ideias.

› Concordar em decidir e selecionar métodos de seleção – Envolve o uso de ferramentas tanto para preparar o momento de decisão como para auxiliar no processo de tomada de decisão. Porém, é importante reduzir ao máximo a possibilidade de atritos e conflitos entre os participantes na seleção das ideias. Para isso, a escolha dos métodos deve considerar tanto a compreensão, o agrupamento e o ranqueamento de ideias como a possibilidade de reduzi-las, com métodos de votação rápida e marcação física. Em seguida, é importante compor um grupo de ideias selecionadas que permitam a análise em profundidade e a materialização de ideias, para proporcionar testes e verificações.

- **Documentação** – Após a seleção de ideias, é importante registrar o processo de ideação e o que foi materializado a partir disso, visto que a ideação é um processo complexo que gera muito material. No entanto, temos ciência de que parte desse material gerado é desprezado por conta das várias etapas de seleção de ideias. Assim, é interessante que o designer acompanhe as atividades de ideação realizadas e mapeie em que momento surgiram os principais recursos relacionados. Um mural de ideias – físico ou digital – pode ser útil para auxiliar nessa documentação e permitir análises posteriores do processo.

Dessa forma, podemos perceber que algumas ferramentas são essenciais para a etapa de desenvolvimento e para o processo de ideação, enquanto outras podem ser complementares, como veremos no Capítulo 5.

4.4.1 Etapa de desenvolvimento: desenvolvendo um projeto orientado a serviços

A etapa de desenvolvimento envolve procedimentos e ferramentas para dar suporte à ideação, direcionando a geração e a seleção de ideias com vistas à sua materialização por meio de prototipação na etapa de entrega, como ilustra a Figura 4.12.

Figura 4.12 – **Método do diamante duplo: etapa de desenvolvimento**

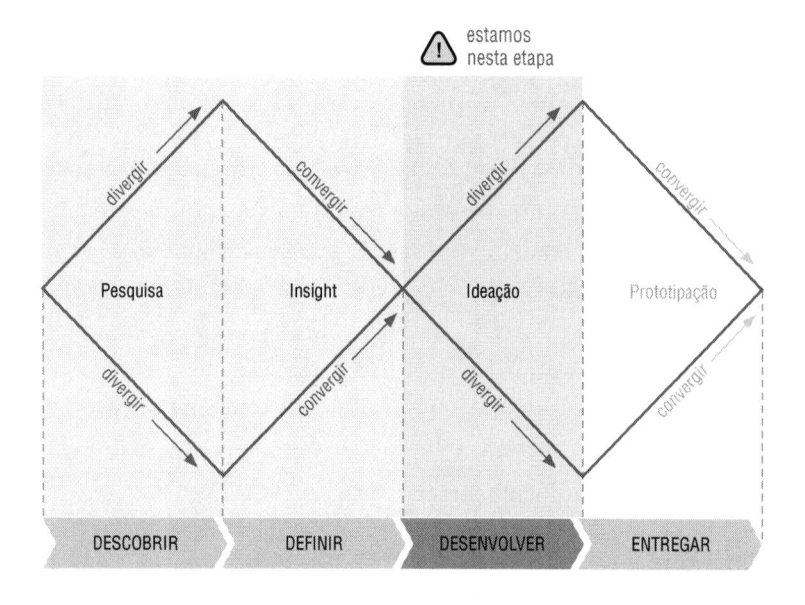

⚠ estamos nesta etapa

| Pesquisa | Insight | Ideação | Prototipação |

DESCOBRIR DEFINIR DESENVOLVER ENTREGAR

Fonte: Elaborado com base em Stickdorn; Schneider, 2014; Soluce, 2020.

É importante estabelecer que, em design de serviços, "as ideias são um ponto (ou, normalmente, vários pontos) em um processo evolutivo, e são parte crucial da resolução de problemas", como indicam Stickdorn et al. (2020, p. 157). Adicionalmente, esses autores destacam que as ideias não têm um fim ou valor em si mesmas, nem são boas ou ruins, mas podem ser muito úteis para dar início ao desenvolvimento de soluções.

Dessa maneira, deve-se propiciar a geração de múltiplas ideias ao longo de todo o processo de design de serviços, pois é mais importante perceber necessidades e oportunidades do que ter aquela ideia isolada e inovadora apenas. Nesse sentido, Stickdorn et al. (2020, p. 157) admitem a possibilidade de que essas múltiplas ideias possam ser "combinadas, recombinadas, descartadas, destiladas, evoluídas ou arquivadas", conforme as estratégias e os critérios norteadores anteriormente delimitados. Segundo esses autores, o processo de ideação, na prática, não tem um fim estabelecido, pois é um processo constante.

O processo de geração de ideias – ideação – é muito produtivo quando realizado por um grupo de pessoas que, juntas, compartilham ideias e divergem em diferentes possibilidades e formas de pensar na exploração de um tema a partir de diferentes pontos de vista. Contudo, é importante incentivar nesse momento a geração de muitas ideias em um curto espaço de tempo, mesmo que elas fiquem incompletas e imperfeitas, pois todas as ideias podem ser úteis e, depois de avaliadas, o designer pode desenvolver melhor as mais promissoras. Dessa forma, "aprender a abandonar as ideias para abrir caminho para novas é uma habilidade crucial no design de serviços e que requer prática" (Stickdorn et al., 2020, p. 158).

Assim, o desenvolvimento da solução como etapa criativa representa um estágio generativo, em constante iteração e diretamente relacionado à etapa de entrega. Com efeito, é importante testar continuamente as ideias, explorando-se todas as possibilidades de erros e permitindo-se a reflexão sobre os resultados obtidos com os usuários (Stickdorn; Schneider, 2014). Consequentemente, a prototipação é necessária para testar desde produtos até aspectos mais conceituais das ideias selecionadas em diferentes etapas do processo, inclusive na etapa de desenvolvimento.

Stickdorn e Schneider (2014) observam a dificuldade em lidar com a intangibilidade dos serviços, visto que nem sempre os usuários conseguem dimensionar uma boa imagem mental das ideias e dos conceitos delimitados para um novo serviço. Ou seja, é importante considerar os conceitos emocionais que devem ser gerados pelo serviço, fornecendo-se possibilidades para que o usuário visualize o serviço adequadamente. Para isso, o designer de serviços pode utilizar diferentes formas e ferramentas de prototipação para testar ideias. A seguir, veremos como ocorre o processo de ideação antes de conferir as ferramentas que podem ser empregadas.

4.4.2 **Etapa de entrega: entregando um projeto orientado a serviços**

Por meio do método do diamante duplo, é possível verificar a convergência de *insights* no primeiro diamante e a divergência e geração de ideias na primeira metade do segundo diamante, o que serve de base para materializar a solução escolhida, dando início à etapa de entrega com a prototipação do serviço, conforme indica a Figura 4.13.

Figura 4.13 – **Método do diamante duplo: etapa de definição**

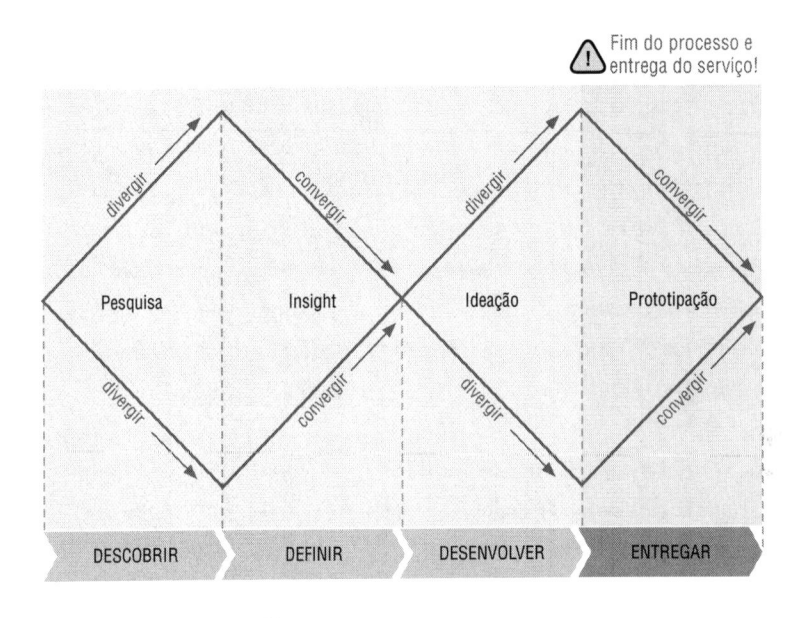

Fim do processo e entrega do serviço!

Pesquisa | Insight | Ideação | Prototipação

DESCOBRIR › DEFINIR › DESENVOLVER › ENTREGAR

Fonte: Elaborado com base em; Schneider, 2014; Soluce, 2020.

Marc Stickdorn e Jakob Schneider (2014) observam que o principal desafio identificado na etapa de entrega está na intangibilidade dos serviços, uma vez que nem sempre o designer consegue prototipar e testar um serviço da mesma maneira que conduz testes em produtos, por exemplo. Nesse sentido, é necessário permitir que os usuários visualizem de alguma forma ao menos o conceito do futuro serviço. Para tanto, o designer precisa encontrar maneiras de materializar o serviço, levando em conta a experiência a ser vivenciada pelo usuário e os aspectos emocionais gerados pelo serviço.

Carlos Henrique Pereira Mello (2005) problematiza esse assunto ao observar que o tipo de experiência entre o usuário e o serviço é variável, reduzindo-se a um único encontro a partir de um pedido, pagamento ou agendamento de entrega do produto em um mesmo lugar. Em outras situações, essa relação pode envolver encontros sucessivos entre o usuário e o prestador do serviço, que podem estar distribuídos em um período de tempo determinado, implicando diferentes funcionários e espaços de interação. Segundo esse autor, essas características distinguem os requisitos de projetos orientados a serviços dos requisitos de projetos voltados a bens e produtos.

Assim, podemos admitir que os serviços não são apenas processos intangíveis (Soteriou; Chase, 1999 citados por Mello, 2005), visto que o designer de serviços pode prever e prospectar ações e relacionamentos para potencializar a experiência do usuário e fornecer certa tangilidade, mesmo que por meio de ações visíveis aos usuários. De acordo com Evardsson et al. (2000 citados por Mello, 2005, p. 142), "cada vez que o cliente entra em contato com um elemento do processo do serviço, ele julga esse serviço. Isto significa que os provedores de serviço devem desenvolver não apenas a forma precisa do serviço, mas também a apropriada natureza de interação com seus clientes". Podem ser utilizados diferentes meios, procedimentos e ferramentas que permitam verificar como os usuários percebem um serviço, devendo-se, para isso, planejar a prototipação e os testes, como veremos a seguir.

4.4.2.1. Planejamento da prototipação de serviços

Antes de prosseguir com a etapa de entrega, o designer deve refletir ainda sobre a configuração dos protótipos e o modo como realizar os testes de soluções em design de serviços. Stickdorn e Schneider (2014, p. 134) afirmam que "é importante fazer protótipos dos conceitos do serviço no contexto de uso real ou em circunstâncias próximas da realidade", tanto dos usuários como do próprio serviço. Adicionalmente, Mauricio Vianna et al. (2012) explicam que a prototipação é uma maneira de tornar uma ideia tangível, possibilitando que um conceito – naturalmente abstrato – seja mais facilmente percebido na representação de uma realidade que permita a realização de testes e verificações, mesmo que de maneira simplificada.

Para prospectar uma solução em design de serviços – procedimento essencial durante a etapa de entrega –, devem ser consideradas quatro perspectivas para o planejamento, propondo-se questionamentos pontuais para auxiliar na prototipação (Stickdorn et al., 2020):

- **Criação de valor** – Como a solução em design de serviços atende às necessidades dos usuários? Quais são os tipos de necessidade e os pontos críticos sentidos pelos usuários? Como o serviço está integrado ao contexto dos usuários? Para responder a essas questões, podem ser utilizadas ferramentas como o *canvas* da proposta de valor.
- **Ver e sentir (*look and feel*)** – Qual é a experiência total e qual é a experiência parcial do serviço? Com quem (pontos de contato humanos) os usuários interagem e o que sentem durante

essa interação? Com que evidências (pontos de contato físicos ou digitais) os usuários interagem e como se sentem? Para responder a essas questões, podem ser empregados mapas de experiência do usuário ou um *blueprint* do serviço.

- **Viabilidade** – O que é necessário para fornecer o serviço? Quais são os requisitos para escalonar o serviço e verificar seu desempenho? Existe algum modelo de negócio? A solução tem viabilidade técnica, financeira e legal? Para responder a essas questões, é possível usar o Business Model Canvas, que pode ser útil para escalonar o serviço e verificar os aspectos envolvidos na solução do serviço como negócio, permitindo a análise de sua viabilidade.
- **Integração** – Como o serviço e todos os aspectos a ele relacionados funcionam? Qual é a experiência dos usuários em sua totalidade, considerando-se o valor, a aparência (visual) e aspectos relacionados à implementação do serviço? Como diferentes aspectos do serviço funcionam conjuntamente? O que é necessário para equilibrar diferentes aspectos do serviço e resolver certas restrições?

O designer do projeto deve iniciar com a criação de valor do serviço, visto que a criação de valor bem-sucedida está diretamente relacionada à entrega de valor bem-sucedida, como esclarecem Philip Kotler e Kevin Keller (2006). Para que isso ocorra, esses autores aconselham que se examinem os segmentos de usuários, além de se investigar como os recursos do serviço podem ser mais bem organizados para atender às necessidades desses usuários.

Para que os valores de um serviço estejam alinhados à experiência dos clientes, o designer de serviços deve observar as seguintes diretrizes (Kalbach, 2017):

- ter empatia;
- trabalhar de forma coletiva e cooperativa;
- criar visualizações sistêmicas do serviço.

Jim Kalbach (2017) acrescenta que o valor do serviço constitui um tipo de benefício percebido sob os seguintes aspectos: funcionais, considerando-se a capacidade de realizar algo; sociais, por meio da interação entre pessoas; emocionais, dando-se ênfase a sentimentos ou respostas afetivas dos usuários; epistêmicos, tendo em vista o sentimento de curiosidade ou o desejo de aprender por parte do usuário; condicionais, que dependem de situações ou contextos específicos. Assim, conforme Kalbach (2017), o uso da prototipação do valor como ferramenta adicional na composição da proposta de valor é útil para criar e testar o que o serviço oferece e aquilo que o cliente realmente deseja.

Dessa maneira, o designer pode utilizar um diagrama (*canvas*) para formular visualmente a proposta de valor antes de iniciar a prototipação do serviço, de forma prospectar a experiência dos usuários diante do valor que está sendo proposto. São consideradas duas partes para a formulação do diagrama: a proposta de valor propriamente dita e a segmentação dos usuários, conforme ilustrado na Figura 4.14.

Figura 4.14 – **Canvas da proposta de valor**

[Diagrama: Proposta de valor | Segmento do cliente — Criadores de ganho, Produtos e serviços, Alívios dos pontos críticos / Ganhos, Trabalho(s) do cliente, Pontos críticos]

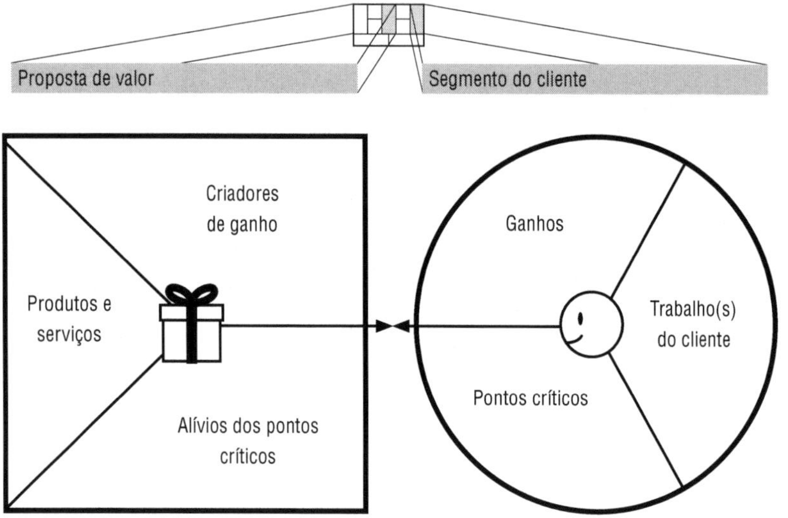

Fonte: Kalbach, 2017, p. 73.

Segundo Kalbach (2017), esse diagrama foi proposto por Alexander Osterwalder, idealizador do Business Model Canvas, ferramenta para prospectar negócios em que se usa uma única página ou folha. O objetivo de utilizar o *canvas* da proposta de valor é visualizar o usuário e a solução lado a lado, antes de iniciar a prototipação do serviço, seguida de testes, refinamentos e da consequente implementação. Kalbach (2017) explica que o ideal é iniciar preenchendo o *canvas* pelo lado direito do diagrama, com a segmentação dos usuários. Para tanto, é importante retomar ferramentas utilizadas em etapas anteriores do processo de design de serviços e, então, iniciar o preenchimento do *canvas*, tendo por base essas informações. A segmentação dos usuários deve contar com três componentes (Kalbach, 2017):

1. **Trabalhos do usuário (*jobs to be done*)** – Trata-se do mapeamento dos problemas importantes que o usuário deseja resolver e das necessidades que precisam ser atendidas por meio do serviço.

2. **Pontos críticos** – Referem-se ao mapeamento das barreiras que o usuário deve transpor para realizar um trabalho ou uma tarefa por meio do serviço. Envolve as emoções negativas e os riscos que os usuários podem encontrar para resolver problemas por meio do serviço.

3. **Ganhos** – Trata-se do mapeamento dos resultados positivos ou benefícios que o usuário deseja obter por meio do serviço, considerando-se a resolução de seus problemas e o atendimento de suas necessidades.

Com esses componentes, o designer pode iniciar o preenchimento do lado esquerdo do *canvas*, referente à proposta de valor que vai atribuir à solução em design de serviços. Para isso, é importante observar cada uma das informações inseridas na segmentação do usuário, pois elas estão diretamente relacionadas às informações a serem preenchidas na proposta de valor, de forma espelhada, como ilustra a Figura 4.15.

Figura 4.15 – **Relações entre componentes e recursos no *canvas* da proposta de valor**

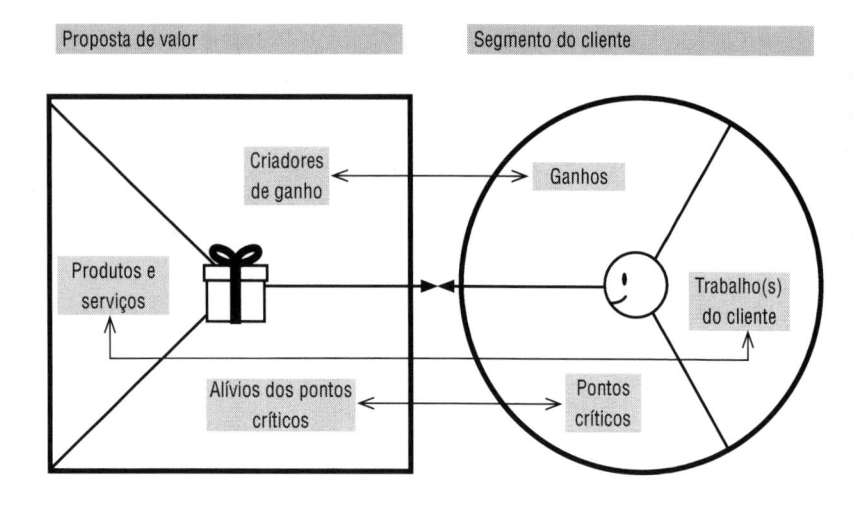

[Proposta de valor | Segmento do cliente]

Criadores de ganho → Ganhos
Produtos e serviços → Trabalho(s) do cliente
Alívios dos pontos críticos → Pontos críticos

Fonte: Elaborado com base em Kalbach, 2017.

Assim, o preenchimento da proposta de valor considera a solução em design de serviços – obtida a partir da etapa de desenvolvimento –, mas pondera sobre como essa solução está diretamente relacionada aos usuários. Com base nisso, podem ser detalhados os três recursos da proposta de valor:

1. **Produtos e serviços** – Trata-se do detalhamento da oferta do serviço, incluindo recursos e suportes a serem fornecidos aos usuários.
2. **Alívios dos pontos críticos** – É necessário descrever como a oferta do serviço vai aliviar os pontos críticos do usuário diante do problema ou da necessidade identificados.

3. **Criadores de ganho** – Trata-se do detalhamento de ações ou recursos que evidenciam como as ofertas do serviço beneficiam os usuários.

Com base na visualização de como a proposta de valor está configurada em relação à segmentação dos usuários, o designer pode iniciar a prospecção do serviço de forma mais assertiva. A primeira ferramenta com a qual o *canvas* da proposta de valor se relaciona é o próprio Business Model Canvas, que pode ser utilizado para prospectar o serviço e prever aspectos determinantes de sua execução. Kalbach (2017) aponta que os dois primeiros itens do Business Model Canvas são justamente a segmentação dos usuários e a proposta de valor, respectivamente, e que dessas informações derivam os outros sete campos do *canvas*. Também é possível utilizar o *canvas* da proposta de valor para prever e orientar a prototipação, definindo-se quais elementos devem ser materializados e quais devem ser conceituados, a fim de facilitar os testes da solução em design de serviços.

Para planejar a prototipação, Stickdorn et al. (2020) indicam que é necessário relacionar as melhores maneiras de obter respostas proveitosas para verificar se a solução está adequada ao objetivo e às metas definidas para o projeto orientado a serviços. Para tanto, o planejamento da prototipação inclui a definição dos seguintes aspectos:

- **Participantes dos testes** – Considerando-se a definição do público do serviço (usuários) e dos *stakeholders*, são tomadas como base as ferramentas já desenvolvidas para a caracterização do serviço (personas, mapas de empatia, mapas de expectativas, mapa de *stakeholders* etc.) para selecionar participantes que possam auxiliar na verificação dos protótipos do serviço (Stickdorn et al., 2020).

- **Fidelidade dos protótipos** – Conforme são identificadas as necessidades e as possibilidades do projeto, podem ser construídos os seguintes tipos de protótipos (Vianna et al., 2012):
  › baixa fidelidade – Representação conceitual da solução por meio de desenhos, modelos em papel ou encenações, fazendo-se uma analogia com a forma como o serviço vai atuar sobre a realidade;
  › média fidelidade – Representação da solução por meio de seus aspectos básicos, indicando-se como o serviço vai atuar sobre a realidade;
  › alta fidelidade – Representação da solução muito próxima à realidade com base em *mock-ups* (modelos em escala ou tamanho real utilizados para fazer a demonstração de um protótipo) e em modelos que permitam verificar com muita fidelidade a experiência a ser vivenciada por meio dos protótipos.
- **Contexto de teste** – Conforme as necessidades e as possibilidades do projeto, é possível conduzir os testes com protótipos de acordo com os seguintes tipos de contextualidade (Vianna et al., 2012):
  › restrita – testes realizados em ambiente controlado;
  › geral – testes realizados com qualquer participante e em qualquer ambiente;
  › parcial – testes realizados com os usuários delimitados para o serviço, mas em qualquer ambiente ou com qualquer participante no ambiente do serviço;
  › total – testes realizados com os usuários delimitados para o serviço no ambiente do serviço.

Com base nesses apontamentos iniciais, é possível sugerir ferramentas para a etapa de entrega, as quais envolvem ferramentas de prototipação e de testes para a implementação de serviços.

4.5 Verificação e implementação do serviço

Por meio de ferramentas clássicas do *design thinking*, o designer pode relacionar diferentes formas de prototipação a diferentes abordagens que envolvam algum tipo de encenação ou dramatização para realizar verificações e testes. Tais abordagens são úteis para melhor reproduzir situações específicas do serviço e "ajudar a incorporar os aspectos emocionalmente importantes das interações pessoais com a proposição do serviço" (Stickdorn; Schneider, 2014, p. 135).

De igual forma, também é possível reproduzir alguns cenários do serviço em seu ambiente real, como indicam Stickdorn e Schneider (2014). Porém, nem sempre é necessário reproduzir com fidelidade o cenário real do serviço. Reproduções simples podem ser úteis para expandir a imaginação dos usuários e, eventualmente, fornecer uma resposta criativa dos participantes. Adicionalmente, uma abordagem lúdica promove o envolvimento emocional dos usuários durante a testagem de conceitos intangíveis e tangíveis do serviço, envolvendo baixo custo de execução e permitindo a identificação de novas oportunidades e melhorias iterativas na solução em design de serviços.

Assim, chegamos à sequência final do processo de design de serviços, em que, por meio dos testes, é possível verificar oportunidades, ajustes e melhorias a serem realizados diante da solução, com vistas à implementação e à entrega do serviço. Segundo Stickdorn et al. (2020,

p. 270), a implementação consiste em "transformar um protótipo em um sistema em execução". Para tanto, a implementação de soluções em design de serviços envolve habilidades diversas, como a gestão da mudança para procedimentos e processos que exijam treinamento ou recrutamento, o desenvolvimento de *software* e sistemas de produção ou mesmo a arquitetura e a construção de ambientes. Ou seja, "a implementação de novos conceitos de serviço requer necessariamente um processo de mudança" (Stickdorn; Schneider, 2014, p. 136).

Desse modo, os limites observados entre prototipação, testes-piloto e implementação apresentam características orgânicas e fluidas, naturalmente adaptadas à sua área de implementação, variando entre procedimentos bastante técnicos e ações simplificadas, porém realizadas de maneiras diferenciadas. Assim, independentemente do tipo de mudança, Stickdorn et al. (2020) admitem padrões comuns na implementação de soluções em serviços:

- adequação para sistemas de produção, visto que a funcionalidade de novos serviços ou produtos ocorre em um contexto real, sendo necessário adequá-los a ambientes e sistemas específicos;
- trabalho com funcionários reais, uma vez que os funcionários precisam aprender a executar novos processos;
- foco principal nas metas do negócio, dado que serviços e produtos são comercializados pelo preço integral de sua produção a partir do negócio e tendem a se afastar da inovação;
- integração em ecossistemas existentes, visto que serviços e produtos existentes devem ser incorporados quando o novo serviço resulta em sistemas digitais, ambientes ou estruturas

institucionais, bem como redes de parceiros e ecossistemas funcionais;
- integração entre estruturas e indicadores de desempenho existentes, pois novas métricas de negócios podem ser integradas a estruturas e indicadores já existentes, sendo monitoradas regularmente;
- continuidade dos negócios, uma vez que tanto o cliente como os funcionários não enxergam mais o novo serviço como algo ainda em teste ou em fase de implementação, mas como algo já em funcionamento;
- iterações, mudanças e adaptações custosas, visto que, a partir do momento em que se implementa o novo serviço, novas mudanças se tornam mais difíceis e custosas; logo, a resistência a essas mudanças durante a implementação é uma tendência entre os prestadores de serviço.

Tendo em vista esses aspectos, Stickdorn e Schneider (2014) concluem que a implementação requer uma gestão firme e convencida do conceito do serviço, principalmente por envolver mudanças. Isso se faz necessário para evitar o recuo diante de eventuais problemas observados ao longo do processo de implementação. Desse modo, além de propor a solução em design de serviços, é necessário que o designer de serviços acompanhe o processo de implementação e identifique os problemas que precisam ser resolvidos de forma ágil e criativa. Segundo Stickdorn e Schneider (2014), o designer tem de considerar que sempre haverá alguns aspectos não previstos no refinamento da solução após os testes da prototipação. É por esse motivo que as iterações realizadas nas etapas anteriores são tão necessárias e muito recomendadas; elas podem evitar atritos futuros e aumentar as chances de uma transição em harmonia para o novo serviço.

Assim, diante da análise dos resultados envolvidos na implementação de mudanças a partir do novo serviço, Stickdorn e Schneider (2014, p. 136) observam que "o ideal é que a implementação da mudança seja seguida por uma ação exploratória posterior, com o objetivo de avaliar seu progresso", ou seja, reforçando o caráter iterativo do processo que o designer de serviços adotou para desenvolver uma solução em design de serviços.

SÍNTESE

Neste capítulo, examinamos os principais modelos e processos relacionados ao design de serviços. Apresentamos a abordagem do *design thinking* e os diferentes modelos de design que podem ser empregados no processo de desenvolvimento de soluções em design de serviços. Descrevemos as etapas delimitadas pelo método do diamante duplo, compostas por descoberta, definição, desenvolvimento e entrega de uma solução a partir da identificação de um problema.

Vimos que o primeiro diamante inicia com a etapa de descoberta, de forma a explorar os principais aspectos envolvidos no serviço por meio de ferramentas e procedimentos sugeridos na condução dessa etapa. Na sequência, ocorre a etapa de definição, com a convergência de informações para determinar estratégias e delimitar *insights*. Em seguida, verificamos as características do segundo diamante, descrevendo os procedimentos envolvidos na etapa de desenvolvimento por meio do processo de ideação. Depois, partimos para os aspectos da última etapa do diamante, analisando a prototipação do serviço para a entrega. Concluímos o capítulo com considerações importantes sobre a verificação e a implementação do serviço. No próximo capítulo, vamos conferir quais ferramentas devem ser utilizadas conforme cada uma das etapas do processo.

QUESTÕES PARA REVISÃO

1. Segundo Cavalcanti e Filatro (2016, p. 20), o *design thinking* corresponde a "uma abordagem que catalisa a colaboração, a inovação e a busca por soluções mediante a observação e a cocriação, a partir do conceito de prototipagem rápida e da análise de diferentes realidades". Com base nessa definição e no conteúdo abordado neste capítulo, assinale a alternativa que **não** relaciona corretamente as características correspondentes ao *design thinking*:

   a. Abordagem centrada no processo.
   b. Ação diante da situação-problema.
   c. Abordagem colaborativa.
   d. Processo iterativo orientado à cultura de prototipagem.
   e. Ênfase na demonstração das ideias.

2. A abordagem em design favorece o comprometimento das partes envolvidas na solução ao longo de uma jornada desconhecida, porém guiada de forma empática pelo design por meio de conexões entre elementos que antes eram desconexos. Independentemente do modelo de design adotado para realizar o processo de desenvolvimento da solução, selecione a alternativa que apresenta corretamente os princípios associados ao *design thinking* que também podem ser associados ao design de serviços:

a. Colaborativo, iterativo, processual, centrado no processo e holístico.
b. Centrado no sistema, colaborativo, sequencial, evidente e objetivo.
c. Cocriativo, centrado no produto, processual, evidente e sistêmico.
d. Centrado no serviço, cocriativo, sequencial, evidente e objetivo.
e. Centrado no usuário, cocriativo, sequencial, evidente e sistêmico.

3. Segundo Stickdorn et al. (2020, p. 83), "os melhores processos de design são aqueles que se adaptam ao problema a ser resolvido – e não o inverso". Assinale a alternativa que complementa corretamente essa afirmação:

a. Nem todos os modelos utilizados durante o processo de design centralizam os padrões recorrentes para criar e selecionar opções, porém eles se pautam basicamente por pesquisa, criação, prototipagem e implementação.
b. Todos os modelos utilizados durante o processo de design centralizam os seguintes padrões recorrentes para criar e selecionar opções: pesquisa, para a geração de conhecimento por meio de métodos e técnicas de pesquisa para extrair ideias-chave; criação, com vistas à geração de oportunidades a serem filtradas em processos de tomada de decisão; prototipagem e implementação, para a exploração e a construção de soluções potenciais que permitam avaliação e nova tomada de decisão.

c. A maioria dos modelos utilizados durante o processo de design não centraliza procedimentos, seguindo de forma intuitiva, criativa e inovadora o processo de desenvolvimento das soluções por meio de prototipagem e implementação, para a exploração e a construção de soluções potenciais que permitam avaliação e testagem de soluções.

d. Os modelos utilizados durante o processo de design centralizam padrões e procedimentos de forma sequencial e segregada por meio de: pesquisa, para a geração de conhecimento; criação, com vistas à geração de oportunidades a serem filtradas em processos de tomada de decisão; prototipagem e implementação, para a exploração e a construção de soluções potenciais que permitam avaliação e nova tomada de decisão.

e. A maioria dos modelos utilizados durante o processo de design descentraliza procedimentos e técnicas de pesquisa, seguindo de forma intuitiva, criativa e inovadora o processo de desenvolvimento das soluções por meio de prototipagem e implementação, para a exploração e a construção de soluções potenciais que permitam avaliação e testagem de soluções.

4. O método do diamante duplo sistematiza os princípios do design em uma estrutura simples e intuitiva, que permite uma série de iterações durante o processo de design, conforme descrevem Stickdorn e Schneider (2014). Os dois diamantes presentes na estrutura representam o pensamento divergente e o pensamento convergente, conforme os conceitos apresentados em *design thinking*, que são aplicados a essa metodologia; porém, cada um

desses diamantes tem uma função distinta (Soluce, 2020). Com base nessas premissas, explique brevemente o que ocorre em cada etapa do método do diamante duplo.

5. "A implementação de novos conceitos de serviço requer necessariamente um processo de mudança" (Stickdorn; Schneider, 2014, p. 136). Nesse sentido, os limites observados entre prototipação, testes-piloto e implementação admitem características orgânicas e fluidas, que se adaptam naturalmente à sua área de implementação e variam entre procedimentos bastante técnicos e ações simplificadas. No entanto, tais procedimentos podem ser realizados de formas diferenciadas. Assim, independentemente do tipo de mudança, quais são os padrões mais comuns na implementação de soluções em serviços?

QUESTÕES PARA REFLEXÃO

1. Como vimos no início deste capítulo, modelos, processos e ferramentas derivados do *design thinking* constituem embasamento para a condução do processo de design de serviços. Como método, o *design thinking* está focado no compartilhamento de informações e experiências entre as pessoas envolvidas com um problema determinado para que possam cocriar soluções adequadas a esse problema. Diante disso, é comum observarmos algumas pessoas tratarem as duas áreas como uma só. Contudo, trata-se de áreas diferentes, com direcionamentos diversos. Você já pensou sobre isso? Pode listar as diferenças e as semelhanças entre essas áreas?

2. Neste capítulo, apresentamos modelos e processos a serem utilizados no design de serviços. Destacamos modelos originados no *design thinking* e mostramos que eles podem ser empregados para conduzir processos de design de serviços, em razão de sua abordagem sequencial, iterativa e, principalmente, cocriativa. Porém, neste livro, sugerimos o método do diamante duplo como modelo a ser utilizado na condução do processo para se obter uma solução em design de serviços. Como sugestão de atividade para revisão e consequente fixação dos conteúdos abordados neste quarto capítulo, confira os modelos aqui citados e busque uma forma de analisar suas semelhanças e diferenças. Você pode organizar as informações da análise comparativa entre os modelos por meio de um mapa, um diagrama ou uma tabela. Depois de finalizar sua análise, reflita sobre o resultado e aponte o modelo com o qual você tem mais afinidade e que empregaria em seus projetos.

Bloomicon/Shutterstock

Capítulo 5

CAIXA DE FERRAMENTAS

Conteúdos do capítulo:
- Ferramentas utilizadas nas etapas de descoberta, definição, desenvolvimento e entrega.
- Ferramentas para demonstração e compreensão do serviço.

Após o estudo deste capítulo, você será capaz de:

1. compreender as características e os procedimentos envolvidos na etapa de descoberta, utilizando ferramentas que auxiliem na divergência de informações para compor o contexto do serviço de forma sistêmica;
2. reconhecer as características e os procedimentos envolvidos na etapa de definição, utilizando ferramentas que auxiliem na convergência de informações para direcionar o projeto;
3. reconhecer as características e os procedimentos envolvidos na etapa de desenvolvimento, utilizando ferramentas que propiciem a divergência na geração de ideias e alternativas para soluções em design de serviços;
4. reconhecer as características e os procedimentos envolvidos na etapa de entrega, utilizando ferramentas que auxiliem na convergência de informações para prototipar, verificar e implementar o projeto;

5. utilizar o *blueprint* de serviço para mapear e prospectar o serviço por meio das ações envolvidas na linha de frente e nos bastidores do serviço;

6. elaborar o desenho do serviço e visualizar os pontos de contato previstos e envolvidos na interação entre o usuário e o serviço, permitindo sua compreensão por meio de diagramas e esquemas representativos.

Nos capítulos anteriores, constituímos um repertório acerca do design de serviços e apresentamos todas as definições, abordagens, modelos e processos envolvidos em sua aplicação para se obter uma solução pertinente a um problema relacionado a serviço. Para complementarmos a abordagem sobre a aplicação em design de serviços, neste capítulo apontaremos algumas ferramentas que podem ser utilizadas como suporte no processo de design de serviços, relacionadas às etapas de descoberta, definição, desenvolvimento e entrega, organizadas no método do diamante duplo, como observamos anteriormente. Cabe reforçar que as ferramentas aqui descritas podem ser combinadas com outras ferramentas, substituídas ou adaptadas, conforme a necessidade do projeto orientado a serviços.

5.1 Ferramentas sugeridas para a etapa de descoberta

A etapa de descoberta está relacionada à exploração de informações sobre o contexto do problema a ser solucionado. Nesse sentido, cabe ao designer "descobrir novas perspectivas acerca de um determinado serviço, o que pode implicar colocar-se 'na pele' de clientes, funcionários, gestores, ou até concorrentes, para desenvolver novos *insights* sobre a experiência do serviço" (Stickdorn; Schneider, 2014, p. 151). As descobertas obtidas nessa etapa devem compor a base para as demais etapas do processo. Portanto, é essencial a utilização de ferramentas que gerem resultados confiáveis e convincentes durante essa etapa. Considerando a exploração do contexto do problema, Stickdorn et al. (2020) elencam ferramentas e procedimentos distribuídos em cinco categorias de pesquisa:

1. **Pesquisa *desk*** (pesquisa baseada em fontes de informação secundárias, ou seja, aquelas fornecidas por fontes que obtiveram a informação em primeira mão) – Pode ser utilizada para preparar a pesquisa e para obter dados ao longo do processo por meio de pesquisas secundárias. Envolve a consulta de diferentes meios de informação, como pesquisa na internet, pesquisa bibliográfica e análise de conteúdos e documentos. Abrange os seguintes procedimentos:

  › Pesquisa preparatória – Envolve a compreensão em profundidade de um setor, da organização, de concorrentes ou produtos similares e, também, a compreensão da perspectiva do usuário sobre o problema em questão, considerando-se seu contexto, bem como percepções, conflitos internos, interações etc. Pauta-se por perguntas ou tópicos de pesquisa para orientar a condução de entrevistas internas, triagem em mídias sociais, análise de áudios, vídeos ou conferências, bem como a leitura de publicações científicas, documentos, jornais e revistas de interesse geral. Com isso, gera textos de análise, dados estatísticos, imagens, mapas mentais, *moodboards* (painéis visuais) etc., que podem servir para visualizar e analisar as informações coletadas.

› Pesquisa secundária – Considerada como a pesquisa *desk* propriamente dita, envolve o uso de dados secundários já existentes ou já utilizados em outras pesquisas. Consiste em verificar o que já foi publicado sobre determinado assunto, ajudando a formular e revisar a pergunta da pesquisa de forma mais assertiva e a identificar procedimentos promissores para coleta, visualização e síntese de dados. Artigos acadêmicos, documentos oficiais, relatórios e entrevistas com especialistas podem compor a coleta de dados. Envolve o uso de ferramentas de busca *online*, bancos de dados, bibliotecas, conferências, palestras e entrevistas, que podem gerar textos conclusivos, dados estatísticos, mapas mentais etc., servindo para visualizar e analisar as informações coletadas.

2. **Abordagens etnográficas** – Podem ser utilizadas para ampliar a compreensão do ponto de vista de diferentes pessoas sobre determinado contexto. Para tanto, os seguintes procedimentos podem ser adotados:
› Pesquisa autoetnográfica (autodocumentação) – Envolve a exploração dos próprios pesquisados com base em uma experiência particular, acerca de um evento específico, que é documentada por meio de notas de campo, gravações de áudio, vídeos e fotografias. O pesquisador realiza uma imersão no contexto real do problema por certo período com o

uso de diferentes ferramentas, como cliente secreto[1], safári de serviço[2] e estudos diários. Assim, essa pesquisa ajuda a interpretar comportamentos, quando somada a entrevistas ou observações. Como resultado, obtêm-se textos sobre notas (dados brutos e interpretações), gravações, imagens e artefatos, que podem compor parte da coleta de dados e permitir análises.

› Etnografia *online* – Envolve a investigação de como as pessoas interagem entre si no âmbito de comunidades *online*. Pode ser realizada em conjunto com a pesquisa autoetnográfica, a etnografia participante ou não participante, porém está focada nas experiências em ambiente digital para observar diferentes aspectos, como interações sociais ou diferenças na autopercepção das pessoas na vida real e quando estão *online*. Requer a definição de quais comunidades *online* investigar, conforme a pergunta da pesquisa. Pode combinar diferentes procedimentos, como observações e entrevistas, resultando em textos (citações, notas ou transcrições), mapas de jornada, anotações, capturas de tela e gravações que permitam análises.

3. **Abordagens participativas** – Envolve a participação de pessoas relacionadas ao problema de pesquisa, considerando-se os seguintes procedimentos:

---

1 A ferramenta *cliente secreto* consiste em contratar uma pessoa para se passar por um cliente de uma empresa, de forma a obter informações e impressões sobre o contexto de um problema por certo período.

2 A ferramenta *safári de serviço* constitui-se em um meio para convidar o time de desenvolvimento a explorar modelos de experiências de serviço em um contexto bem próximo à realidade, permitindo que possam opinar abertamente sobre experiências tanto positivas como negativas (Stickdorn; Schneider, 2014).

> Observação participativa – Consiste em uma imersão na vida dos participantes da pesquisa e pode ser realizada de diferentes maneiras, como no caso das técnicas de "sombra"[3] (*shadowing*) e "um dia na vida"[4]. Assim, com base na pergunta da pesquisa, os participantes podem ser selecionados juntamente com a especificação de quando e onde devem ser conduzidos os procedimentos. Nesse tipo de observação, é importante identificar não apenas o que as pessoas fazem, mas também como fazem. O resultado são textos com transcrições e anotações, gravações, imagens e artefatos.

> Entrevista contextual – Pode ser realizada com clientes, funcionários e outros *stakeholders* em um contexto situacional relevante para a pergunta da pesquisa. É utilizada para a compreensão de como um grupo de pessoas se relaciona em um dado ambiente, considerando-se necessidades, emoções e expectativas. Para tanto, os participantes devem demonstrar detalhadamente suas experiências concretas, obtendo-se textos com transcrições e anotações, gravações, imagens e artefatos.

> Entrevista em profundidade – Envolve entrevistas individuais intensivas com *stakeholders* ou especialistas externos à empresa ou prestadores de serviços. Com isso, pode auxiliar na compreensão de expectativas, experiências, produtos,

---

[3] A ferramenta *sombra* permite a observação de usuários enquanto realizam algum tipo de tarefa. Assim, é possível ao observador anotar e registrar todas as ações do usuário e, até mesmo, solicitar que esse usuário verbalize suas ações enquanto as realiza, o que possibilita o mapeamento dos pensamentos, intuitos e modelos cognitivos do usuário sobre determinadas tarefas (Pinheiro, 2015).

[4] A ferramenta chamada de *um dia na vida* consiste em acompanhar um tipo específico de usuário durante um dia para vivenciar, acompanhar e registrar cada uma de suas atividades diárias típicas, a fim de obter uma visão geral de sua rotina e do que ele pensa e faz diante do contexto do serviço (Stickdorn; Schneider, 2014).

serviços, bens, operações, processos e preocupações específicos, bem como de atitudes, problemas, necessidades, ideias ou do ambiente em que cada *stakeholder* atua diante do problema de pesquisa. É principalmente presencial, possibilitando a análise da linguagem corporal dos participantes, além de criar um ambiente mais amigável. Também pode ser realizada *online* ou por telefone. Permite a combinação entre diferentes ferramentas, como mapa de empatia (para embasar perguntas), *card sorting*[5] (para compreender necessidades) e *storytelling*[6] (para visualizar experiências e pontos de contato). Também resulta em textos com transcrições e anotações, gravações, imagens e artefatos.

› Grupo focal – Envolve perguntas em grupo sobre determinados produtos, serviços, bens, conceitos, problemas, protótipos etc. para auxiliar na compreensão de percepções, opiniões, ideias ou atitudes dos participantes diante do tópico investigado. É realizado em ambientes controlados, porém informais, permitindo a observação de aspectos bastante específicos do tópico de investigação. A partir da pergunta lançada ao grupo, é importante observar a discussão e a dinâmica entre os participantes. O grupo focal resulta em textos com transcrições e anotações, gravações e imagens.

5   *Card sorting* consiste em uma técnica empregada para testar, entre especialistas ou usuários, o fluxo de trabalho, a arquitetura da informação, a estrutura de menus ou a navegabilidade em um *site* ou meio digital por meio de cartas embaralhadas, as quais devem ser reorganizadas por esses especialistas ou usuários. Ao final, os resultados podem ser comparados entre diferentes participantes para que a estrutura mais adequada seja apresentada aos usuários.

6   A técnica de *storytelling* (narrativa) corresponde a uma maneira envolvente de compartilhar verbalmente as ideias iniciais e os principais conceitos idealizados para o serviço (Stickdorn; Schneider, 2014).

4. **Abordagens não participativas** – Envolvem procedimentos sem contato com os participantes, tais como:

> Observação não participativa – Consiste na coleta de dados com base na observação do comportamento sem interação com os participantes. Envolve a observação de clientes, funcionários e demais *stakeholders* em situações relevantes para a pergunta da pesquisa. Nesse tipo de procedimento, é essencial observar e interpretar a linguagem corporal e os gestos dos participantes e, também, o que eles deixam de fazer. Obtêm-se textos baseados em anotações, gravações, imagens, estatísticas e artefatos.

> Etnografia móvel – Envolve técnicas de autoetnografia múltiplas em que os dados são coletados por meio de dispositivos móveis em um ambiente de pesquisa guiada, incluindo desde um grupo pequeno até milhares de participantes. Estes (usuários, clientes ou funcionários) podem documentar suas experiências por meio de textos, fotos, vídeos ou avaliações quantitativas, permitindo revisão, análise e exportação dos dados coletados em tempo real.

> Sonda cultural – Envolve a coleta de informações dos participantes com base em tarefas específicas estabelecidas pelos pesquisadores, como autodocumentação de experiências por meio de anotações, imagens e coleta de artefatos relevantes. Instruir os participantes sobre o que deve ser realizado é muito importante para que eles obtenham dados imparciais nos respectivos contextos, sem interferência do pesquisador. A sonda cultural ajuda na compreensão e na superação de fronteiras culturais, de maneira a fornecer diversas

perspectivas para o processo de design. Pode, também, ser combinada com entrevistas em profundidade para revisar informações.

Resulta em textos com anotações autodocumentadas e diários, gravações, imagens e artefatos.

5. **Workshops de cocriação** – Consistem na realização de grupos de trabalho para desenvolver dinâmicas em grupo e compor informações de modo colaborativo. A qualidade de um *workshop* de cocriação depende de quais dados de pesquisa são utilizados durante a reunião e de quanto os participantes conhecem o contexto de abordagem. Podem ser consideradas as seguintes ferramentas para criação e composição de informações:

> Cocriação de personas – Consiste em delimitar de forma correta o perfil do público do serviço por meio de pessoas fictícias (personas). No entanto, é importante que os participantes tenham um bom conhecimento dos perfis a serem delimitados, para evitar a composição de perfis tendenciosos. Para tanto, é fundamental planejar o momento da cocriação, prevendo desde a apresentação dos objetivos do *workshop* até as discussões em grupo e a visualização das personas elaboradas pelo grupo. Obtêm -se como resultado rascunhos de personas, imagens da realização do *workshop* e citações dos participantes em áudio ou texto.

> Cocriação de mapas de jornada – Consiste em utilizar o conhecimento dos participantes para criar um ou mais mapas de jornada ou *blueprints* de serviço. Para tanto, é essencial que os participantes tenham amplo conhecimento sobre o contexto situacional do problema de pesquisa e que possam compartilhar sua perspectiva com outras pessoas. Deve-se

planejar o *workshop*, indicando na apresentação o personagem principal da ação (persona) e o escopo do que deve ser mapeado, além de prever todos os momentos da reunião, incluindo discussões e visualização das informações geradas. Obtêm-se como resultado rascunhos de mapas de jornada, imagens da realização do *workshop* e citações dos participantes em áudio ou texto.

› Cocriação de mapas de sistema – Consiste no uso do conhecimento dos participantes para criar mapas do sistema a partir de uma perspectiva específica. Para isso, é essencial que os participantes tenham amplo conhecimento da perspectiva relacionada ao sistema a ser investigado. Deve-se planejar o *workshop*, indicando na apresentação o contexto situacional do problema da pesquisa tendo em vista um sistema específico, de modo a fornecer um ponto de partida para o mapeamento. Obtêm-se como resultado rascunhos de mapas de sistema, imagens da realização do *workshop* e citações dos participantes em áudio ou texto.

Adicionalmente, a etapa de descoberta envolve a visualização, a síntese e a análise dos dados coletados durante a exploração do contexto, permitindo a compreensão, a apreensão e o compartilhamento de informações e *insights*. Para tanto, o designer de serviços pode utilizar diferentes ferramentas de comunicação, conforme apontam Marc Stickdorn e Jakob Schneider (2020):

- **Mural de pesquisa** – Consiste na composição de uma colagem de dados da pesquisa em uma parede ou quadro *online* (como as plataformas Mural, Miro e Jamboard), permitindo compartilhamento de informações, síntese e análise constante. Veja, na Figura 5.1, um exemplo de mural de pesquisa sendo elaborado colaborativamente em uma estrutura de vidro.

Figura 5.1 – **Exemplo de mural de pesquisa**

REDPIXEL.PL/Shutterstock

- **Criação de personas** – Consiste na descrição em detalhes de uma pessoa fictícia com base em um arquétipo que exemplifique um grupo de personas, considerando-se um perfil de público obtido por meio de pesquisa com usuários atuais e potenciais de determinado serviço. Concentra-se em motivações e comportamentos específicos que auxiliem na análise de forma empática de situações reais vivenciadas por um grupo específico de pessoas. É possível utilizar formatos prontos (*templates*) ou criar uma ficha de persona para guiar o projeto.

O ideal é compor de três a sete personas para representar os principais segmentos de mercado e fornecer embasamento para testar ideias e protótipos. Veja, na Figura 5.2, um exemplo de ficha de persona para preenchimento manual.

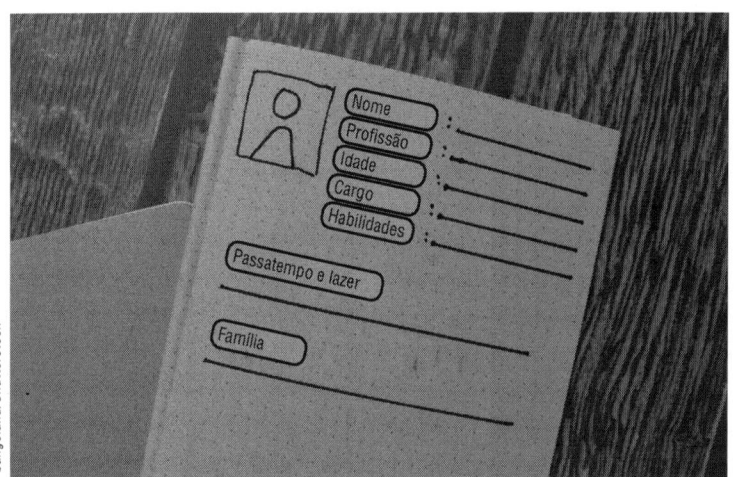

Figura 5.2 – **Exemplo de ficha de persona**

- **Mapa da jornada** – Consiste no mapeamento de experiências de um personagem principal (persona) ao longo dos principais momentos (antes, durante e depois) de sua interação com o serviço. Esse mapa ajuda a visualizar as experiências existentes (jornada atual), mas também pode ser usado para projetar experiências (jornada ideal). A identificação dos pontos de contato e das evidências físicas do serviço auxilia tanto na compreensão das experiências atuais como na proposição de experiências ideais. Alguns mapas de jornada também identificam as ações do usuário, suas necessidades e emoções. Veja, na Figura 5.3, um modelo de mapa da jornada do usuário, que pode ser utilizado como base de preenchimento.

Figura 5.3 – **Modelo de mapa da jornada**

		ANTES	DURANTE	DEPOIS
SERVIÇO	PONTOS DE CONTATO			
USUÁRIO	AÇÕES			
	NECESSIDADES			
	EMOÇÕES			

Fonte: Elaborado com base em Kalbach, 2017.

- **Mapa do sistema** – Consiste em organizar informações para visualizar o ecossistema em torno de serviços e produtos físicos ou digitais. Envolve diferentes formas de visualizar diferentes ecossistemas. Um exemplo de mapa do sistema muito utilizado corresponde ao mapa de *stakeholders*. O mapa do sistema visa permitir a compreensão de todas as partes interessadas diante de um problema e identificar sua possível solução com base em um diagrama (mapa), que organiza visualmente os *stakeholders* em relação ao ambiente interno (controlado pela empresa ou prestador de serviços) e ao ambiente externo (não controlado pela empresa ou prestador de serviços, mas relacionado ao contexto); além disso, considera o contexto situacional do problema a ser solucionado e indica suas relações. Veja, na Figura 5.4, um modelo de mapa de *stakeholders*, que pode ser utilizado como base para preenchimento.

Figura 5.4 – **Modelo de mapa de *stakeholders***

Muitas outras ferramentas podem ser utilizadas e isso depende muito dos objetivos traçados diante do problema e da pergunta da pesquisa. O importante é que cada ferramenta empregada resulte em informações relevantes e que possam, principalmente, direcionar a condução das próximas etapas do processo.

5.2 Ferramentas sugeridas para a etapa de definição

Podemos considerar a etapa de definição como um momento intermediário entre as etapas de descoberta e de desenvolvimento. Algumas ferramentas utilizadas na etapa de descoberta para visualização, síntese e análise de informações são acessadas constantemente e revisadas durante a etapa de definição. De igual forma, ferramentas de ideação começam a ser esboçadas já na etapa de definição, porém com foco na delimitação dos *insights* que vão direcionar a etapa de desenvolvimento.

Nesse sentido, ferramentas como personas e mapas da jornada, utilizadas na etapa de descoberta, são finalizadas na etapa de definição (Soluce, 2020). Já os grupos focais podem ser novamente empregados para obter direcionamentos sobre alguns dos *insights* gerados até o momento (Carvalho, 2019). No entanto, outras ferramentas podem ser bastante úteis para definir alguns aspectos importantes para a condução da solução em design de serviços, com a convergência de informações. O designer pode começar com a revisão das personas e utilizar as seguintes ferramentas para obter uma visão mais aprofundada dos usuários e sua consequente definição:

- **Mapa de empatia** – Consiste em mapear o perfil dos usuários de forma a compreender seus sentimentos, colocando-se no lugar deles, tendo por base as personas. É possível mapear o que o usuário pensa, sente, vê, ouve, fala e faz, bem como identificar suas dores e necessidades, por meio de um diagrama que permite visualizar ao mesmo tempo todas essas informações. Veja, na Figura 5.5, um exemplo de mapa de empatia preenchido com papel autoadesivo.

Figura 5.5 – **Exemplo de mapa de empatia**

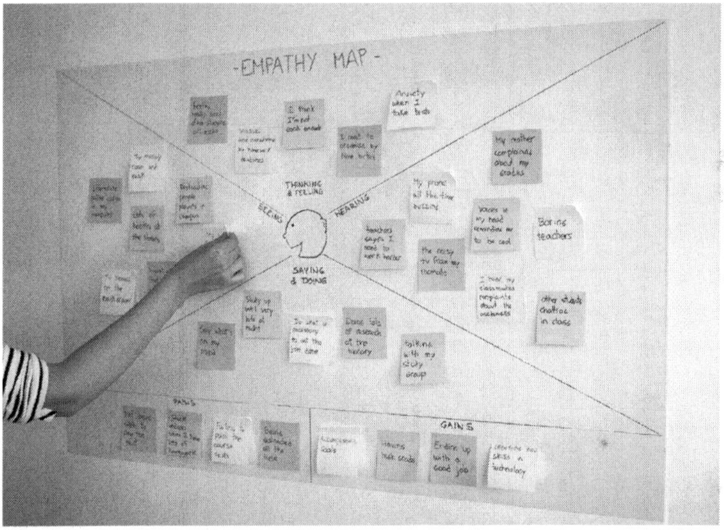

Myriam B/Shutterstock

- **Mapa de expectativas** – Com base nas personas e nos mapas de empatia, é possível elaborar um diagrama para indicar expectativas do usuário diante da solução em design de serviço e visualizar essas definições norteadoras. Veja, na Figura 5.6, um exemplo de como estruturar visualmente um mapa de expectativas.

Figura 5.6 – **Exemplo de estruturação do mapa de expectativas com base em cada persona**

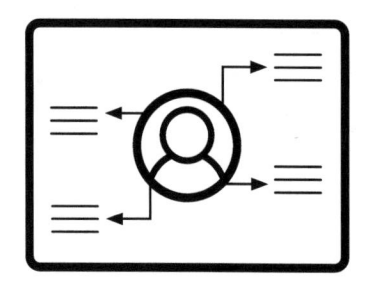

- **Revisão do mapa da jornada** – Com base em uma persona e em seus mapas de empatia e de expectativas, é possível revisar o mapa da jornada do usuário (gerado em cocriação na etapa de descoberta) e identificar como as necessidades e as expectativas se relacionam efetivamente. É importante compor um mapa de jornada para cada persona, para auxiliar na visualização e na comparação de informações, a fim de facilitar a definição de aspectos que podem ser aproveitados na composição de estratégias e critérios norteadores ao final da etapa de definição.

Para definir aspectos relacionados ao serviço, o designer pode considerar as seguintes ferramentas:

- **Blueprint do serviço** – Corresponde a uma maneira de especificar e detalhar cada aspecto individual de um serviço existente ou para prospectar um serviço. Para a etapa de definição, essa ferramenta pode ser utilizada quando há um serviço que precisa ser analisado, de forma a definir em que momento o designer deve atuar e configurar novos pontos de contato ou realizar melhorias. Consiste, portanto, em um tipo de mapa que incorpora as perspectivas do usuário, do prestador de serviços e de qualquer outra parte relevante do serviço, como os *stakeholders*. Mapas da jornada do usuário podem ser utilizados como base para o *blueprint*. Esse mapeamento auxilia na compreensão do serviço, na identificação de problemas e na definição de estratégias e critérios norteadores ao final da etapa de definição (Stickdorn; Schneider, 2014). Veja, na Figura 5.7, um modelo de *blueprint*, que pode ser utilizado como base de preenchimento.

Figura 5.7 – **Exemplo de estrutura para preencher o *blueprint***

PONTOS DE CONTATO		ANTES	DURANTE			DEPOIS
		ATRAIR	ENTRAR	USAR	SAIR	RETORNAR
EXTERNOS						
FRONTSTAGE						
FRONTSTAGE	(*STAKEHOLDERS* – AMBIENTE INTERNO)					
	(*STAKEHOLDERS* – AMBIENTE EXTERNO)					

- **Análise de similares** – Consiste em uma forma sistemática de obter *insights* e referências para a solução em design de serviços. Os procedimentos de análise dos serviços similares podem envolver parâmetros (análise paramétrica), estruturas (análise estrutural), evolução temporal (análise diacrônica) ou outra situação específica e pertinente ao que se pretende investigar para obter *insights* e referências promissoras. Ao final da análise, é importante apresentar um texto conclusivo e uma lista dos pontos positivos observados entre os serviços similares, de forma a compor *insights*. O designer pode considerar os seguintes tipos de similares (Kotler, 2000) para orientar sua análise:

> Similares diretos – Envolvem produto, solução (ações envolvidas na tangibilização do serviço) e público muito similares ao que é proposto pelo prestador do serviço.

> Similares indiretos – Envolvem produto e solução similares, mas com público diferente daquele que é almejado pelo prestador do serviço.

> Similares substitutos – Envolvem um produto diferente, mas com público e solução similares ao que é almejado pelo prestador do serviço.

> Similares colaterais – Envolvem produto e público diferentes, mas com solução similar ao que é almejado pelo prestador do serviço.

Segundo Stickdorn et al. (2020), os *insights* obtidos após a pesquisa das informações coletadas na etapa de descoberta, com a posterior análise e refinamento na etapa de definição, são muito úteis para fornecer respostas às perguntas de pesquisa e aos "porquês" do projeto. Com isso, o designer de serviços pode obter novas perspectivas e nuances que podem orientar o desenvolvimento da solução. Cabe destacar que é importante comunicar os *insights* por meio de imagens, vídeos e citações que envolvam os usuários e indicar como essas realidades podem iniciar uma mudança de perspectiva e gerar um entendimento comum para o problema, de forma a motivar as pessoas a realizar suas ações de uma maneira diferente.

As ferramentas descritas a seguir podem auxiliar na seleção de *insights* e na definição de estratégias e critérios norteadores para compor a solução em design de serviços:

- **Critérios de aceitação** – Consiste em selecionar os *insights* e as referências mais promissoras e verificá-las por meio de um acordo entre os *stakeholders* diante de suas expectativas, necessidades e preocupações quanto ao serviço. Para isso, é necessário reunir os *stakeholders* e averiguar os *insights* e as referências com base em critérios como viabilidade técnica (prestadores do serviço), viabilidade financeira (custos do serviço), preferências da equipe (*stakeholders*) e desejabilidade (considerando-se os usuários do serviço). Esses critérios podem ser pontuados e, após a verificação, os pontos podem ser tabulados para compor uma pontuação final para os *insights* e definir os que devem ser encaminhados para dar sequência à construção da solução (Carvalho, 2019).

- **Critérios norteadores** – Com uma noção mais clara do problema a ser resolvido e de todos os envolvidos (usuários, prestadores de serviço e *stakeholders*), o designer pode estabelecer estratégias e critérios norteadores para o projeto. Para tanto, é necessário levar em conta as informações resultantes de diferentes ferramentas e o levantamento de dados, de maneira a formular diretrizes básicas para guiar o projeto, indicando-se quais aspectos cruciais não devem ser negligenciados. Os critérios norteadores consistem, então, na elaboração de uma lista de critérios com base na análise dos dados coletados em função dos objetivos do projeto, representando os princípios aos quais o designer deve estar atento em todas as etapas do projeto e que servem como instrumento de análise e seleção de ideias e alternativas a serem geradas. Para compor esses critérios, é necessário relacionar requisitos, necessidades e restrições que devem nortear o desenvolvimento da solução.

Assim, a etapa de definição resulta na convergência de informações e delimita como o projeto deve seguir adiante. Como vimos aqui, diferentes ferramentas podem ser utilizadas nessa etapa, incluindo ferramentas não citadas neste livro. O mais importante é entender que esta é uma etapa fundamental para dar sequência ao processo de design voltado à composição da solução em design de serviços. Dessa maneira, é imprescindível retomar ferramentas e procedimentos se os resultados obtidos não indicarem definições pertinentes para a sequência do processo, ação conhecida como *pivotar* entre os profissionais que desenvolvem soluções com processos iterativos. Porém, se tudo estiver de acordo e as definições alcançadas estiverem bem estruturadas, o designer já poderá seguir para o segundo diamante.

5.3 Ferramentas sugeridas para a etapa de desenvolvimento

Como vimos anteriormente, o processo de ideação envolve o uso de ferramentas para a geração e a seleção de ideias. Contudo, é necessário planejamento para direcionar a condução dessa etapa. Stickdorn et al. (2020) relacionam os procedimentos e as ferramentas de ideação que podem ser aplicadas em sessões de cocriação e desenvolvimento colaborativo entre os participantes pré-selecionados, tendo em vista três categorias:

1. **Pré-ideação** – Envolve o uso de ferramentas para preparar os participantes. Uma possibilidade é considerar a metáfora da "fatia de bolo", buscando-se dividir um grande desafio em desafios menores e mais simples. Algumas ferramentas podem ser utilizadas para isso:

    › 5W2H – Consiste em mapear os 5Ws (quem – *who*, onde – *where*, o quê – *what*, por quê – *why* e quando – *when*) e os 2Hs (como – *how* – e quanto vai custar – *how much*) para que os participantes possam compreender a situação contextual. Um *briefing* ou a apresentação de aspectos importantes do contexto do problema são essenciais para orientar no preenchimento. Em seguida, é indicado iniciar pelo item "o quê", conforme o modelo da Figura 5.8.

Figura 5.8 – **Modelo de 5W2H**

```
                    WHAT?
  HOW MUCH?      O que será feito?      WHY?
   Quanto vai                        Por que será
    custar?                             feito?

    HOW?                                WHERE?
 Como será feito?      5W2H          Onde será feito?

    WHO?                                WHEN?
    Quem                             Quando será
  vai participar?                       feito?
```

> Os cinco porquês – Consiste em elencar cinco perguntas e cinco respostas relacionadas a um tema que delimite o problema a ser trabalhado durante a sessão de ideação. O ideal é iniciar com um primeiro porquê e responder à pergunta de forma clara e objetiva. Com base na resposta, deve-se encadear a pergunta seguinte e assim sucessivamente até completar cinco perguntas com as respectivas respostas. Com isso, os participantes podem obter uma visão mais clara do problema e de seu contexto. Observe um exemplo dessa ferramenta na Figura 5.9.

Figura 5.9 – **Exemplo de uso da ferramenta dos cinco porquês**

> **Os 5 porquês**
>
> 🔴 Por que falta água na R.M.C?
> Porque os reservatórios da R.M.C. estão operando no <u>limite de sua capacidade</u>.
>
> 🔴 Por que os reservatórios estão operando no limite de sua capacidade?
> Porque estamos enfrentando uma crise hídrica derivada da maior <u>estiagem</u> dos últimos tempos.
>
> 🔴 Por que a estiagem?
> Porque – entre vários motivos – as <u>mudanças climáticas</u> têm afetado o meio ambiente e a vida das <u>pessoas</u>.
>
> 🔴 Por que essas mudanças afetam as <u>pessoas</u>?
> Porque os recursos – como a água – são finitos e <u>nem todos têm consciência</u> sobre isso.
>
> 🔴 Por que algumas pessoas não têm consciência sobre isso?
> Porque não têm <u>acesso</u> à informação (vários motivos), ou são <u>negacionistas</u> e ignorantes sobre o assunto, ou mesmo por falta de controle dos órgãos competentes.

2. **Geração de muitas ideias** – Envolve o uso de ferramentas para incentivar a interação e o compartilhamento de informações entre os participantes no intuito de gerar ideias colaborativamente. Uma das ferramentas mais habituais nesse sentido é o *brainstorming*, ou "tempestade de ideias", em que, dentro de um tempo específico, os participantes registram o maior número de ideias e possibilidades diante de um tema. Outras ferramentas também podem ser utilizadas para a geração de ideias, tais como:

› Crazy 8's – Consiste em gerar oito ideias no papel em cinco minutos por meio do pensamento visual. É importante orientar os participantes que as ideias não precisam estar em sequência nem demonstrar uma narrativa coesa entre si. O foco é gerar oito ideias diferentes de forma rápida visual, de modo que os participantes saiam da zona de conforto e não gerem apenas ideias muito óbvias. O designer pode utilizar uma folha tamanho A3 ou A4 e dobrá-la em oito partes, em que cada ideia deve ser representada, respeitando-se o tempo limite de cinco minutos. Na Figura 5.10, observe como é possível dividir a folha em oito partes com base nas linhas tracejadas.

Figura 5.10 – **Exemplo de como dividir a folha de papel em oito partes**

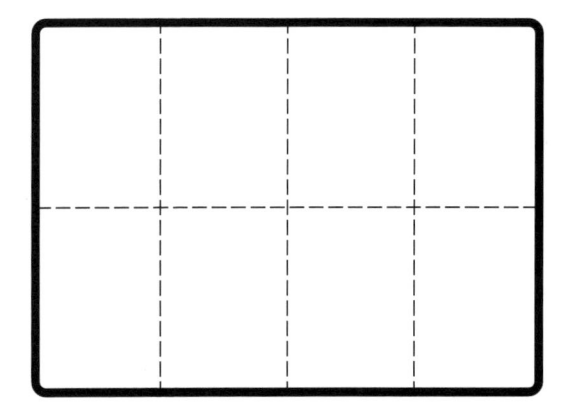

3. **Ranqueamento e redução de opções** – Envolve o uso de ferramentas que auxiliem na pré-seleção e na seleção de ideias, por meio de votações rápidas com marcações físicas e ferramentas de apoio à tomada de decisão, como as indicadas a seguir.

> › Portfólio de ideias – Consiste em uma forma de selecionar ideias analiticamente por meio de uma classificação rápida, porém confiável. Cada ideia é classificada de acordo com duas variáveis definidas e organizadas graficamente pelos grupos de ideação participantes. As variáveis são pautadas por critérios como "impacto na experiência do cliente" *versus* "viabilidade". O portfólio pode ser organizado em uma parede, em um quadro ou mesmo no chão. Assim, uma ideia por vez recebe uma nota de 0 a 10 de cada participante para cada variável, devendo ser registrada no portfólio. Outro elemento adicional e igualmente importante no uso dessa ferramenta é a discussão gerada entre os participantes ao analisar cada ideia. As notas atribuídas ajudam a pré-selecionar as ideias mais promissoras.

> › Votação rápida – Indicada para grupos maiores, essa votação pode ser realizada de diferentes maneiras: por pontos, por ranqueamento ou com o uso de adevisos ou marcações que indiquem aprovação ou desaprovação das ideias. Discussões breves podem ser incentivadas, mas a votação pode ser controlada a partir de um limite de tempo. As ideias mais votadas seguem adiante. Na Figura 5.11 consta um exemplo de como fazer as marcações para a votação rápida de ideias.

Figura 5.11 – **Exemplo de votação rápida por meio de marcações**

• Transcrição de livros em áudio	• Opção de livros digitais › PDF e Epub	• Mascote para atrair crianças	• *Influencers* › Chamar pessoas famosas na internet para divulgar a Editora
✓ ✓	✓ ✓	✓ ✓	✓ ✘
• Youtube › Vídeo-ensaios sobre os livros ou literaturas presentes no catálogo da Editora	• Evento › Criar evento em escolas para divulgar a Editora	• Livraria digital › Possibilitar *tour* por uma livraria em 3D para descobrir mais títulos AR/VR	• App › Ter um app dedicado à Editora para vender livros e atrair novos leitores
✘ ✘	✓ ✓	✓ ✓	✓ ✘

› Matriz de decisão – Consiste em uma ferramenta analítica que considera diferentes fatores para auxiliar os participantes no processo de tomada de decisão. Envolve a validação das ideias pré-selecionadas, considerando-se as premissas para a solução (por exemplo, desejabilidade, praticabilidade e viabilidade) e outros critérios norteadores. Para tanto, é importante identificar benefícios e desafios a cada decisão conforme cada premissa ou critério. Veja, na Figura 5.12, um exemplo de como estruturar visualmente uma matriz de decisão.

Figura 5.12 – **Exemplo de matriz de decisão baseada em premissas da solução**

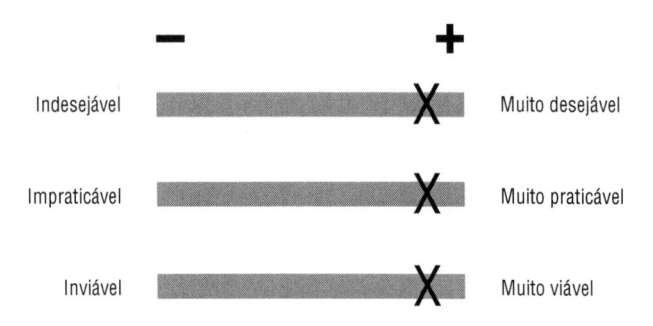

	−		**+**
Indesejável	▬▬▬▬▬X▬▬		Muito desejável
Impraticável	▬▬▬▬▬X▬▬		Muito praticável
Inviável	▬▬▬▬▬X▬▬		Muito viável

Muitas outras ferramentas podem ser utilizadas na etapa de desenvolvimento. As ferramentas aqui relacionadas apoiam-se no processo de ideação e em suas categorias estruturais, mas não excluem outras possibilidades, caso haja necessidade diante das características que o processo de design de serviços possa apresentar. O importante é sempre extrair o máximo de informações e de oportunidades das ferramentas, em qualquer etapa do processo.

5.4 Ferramentas sugeridas para a etapa de entrega

Em continuidade à prototipação, o designer pode proceder a uma breve reflexão sobre o que fazer ou construir para que possa testar a solução em design de serviços. Stickdorn et al. (2020) consideram que compor mapas da jornada ideais do usuário diante do serviço pode ser um início coerente e, por meio dessa ferramenta, o designer pode dividir o desafio da prototipação, combinando alguns componentes principais que podem estar envolvidos na jornada ideal dos usuários:

- momentos da interação (antes, durante e depois), processos de serviço e experiências vivenciadas;
- objetos físicos;
- ambientes, espaços e arquitetura envolvida;
- artefatos digitais e programas de computador;
- ecossistemas (relações entre usuário, serviço e *stakeholders*) e criação de valor (negócios).

Segundo Stickdorn e Schneider (2014, p. 134), e como vimos em capítulos anteriores, "o design de serviços utiliza a mesma abordagem iterativa de teste e reteste" em produtos físicos. No entanto, diferentemente do que ocorre com a testagem de produtos, os autores reconhecem que a prototipação de serviços – que geralmente envolve aspectos intangíveis – requer métodos mais específicos. De acordo com Johnston e Clark (2002 citados por Mello, 2005), é possível ainda considerar diferentes formas de consulta com os usuários para testar serviços:

- **Encontros remotos** – Ocorrem sem contato humano direto e são mediados por diferentes meios de informação, como cartas ou *e-mails*, ligações por telefone, videoconferências e processos automatizados. São considerados procedimentos, técnicas e ferramentas específicos e parametrizados, como *checklists* (listas de verificação), entrevistas, grupos de discussão e questionários.

- **Encontros face a face** – De natureza mais complexa, podem variar significativamente, pois podem envolver uma consulta mais pessoal e próxima com os usuários. É possível utilizar diferentes procedimentos e ferramentas, como diários, observações, análises da tarefa e *workshops*.

Stickdorn et al. (2020) observam que diferentes métodos permitem prototipar e compor um desenho do serviço com base em uma ampla gama de serviços ou produtos, tanto físicos como digitais. Assim, identificamos as seguintes categorias de prototipação voltadas ao design de serviços:

- **Baseadas em processos e experiências relativos ao serviço** – Visam possibilitar a representação e a verificação (testes) de processos e experiências com o serviço. Como sugestão, destacamos as seguintes ferramentas relacionadas a essa categoria:
  › Ensaio investigativo – Envolve técnicas de encenação para entender e explorar profundamente como usuários, prestadores de serviço e outros *stakeholders* se comportam diante do serviço, bem como para compreender os processos envolvidos. Cada participante assume um papel diante do processo e atua como se estivesse interagindo com o serviço em um contexto real, porém simulado. Com isso, é possível obter informações relevantes para testar hipóteses, identificar novas oportunidades e relacionar melhorias para a solução.
  › Maquete de mesa – Envolve o uso de peças pequenas (bonecos e pequenos objetos) para representar espaços, ambientes e pessoas e permitir a análise visual e contextual de suas relações e interações, por meio da simulação de situações do

serviço. Pode envolver encenação ou apenas a distribuição das peças sobre uma mesa, resultando em informações relevantes para testar hipóteses, identificar novas oportunidades e relacionar melhorias para a solução.

- **Baseadas em objetos físicos e ambientes** – Visam possibilitar a representação e a verificação (testes) de produtos e ambientes relacionados ao serviço. Maquetes de mesa podem ser utilizadas nessa categoria, assim como a seguinte ferramenta:
  › Prototipação em papelão – Envolve a construção de modelos tridimensionais de qualquer produto ou ambiente com papel ou papelão de baixo custo. Pode ser usada em combinação com simulações baseadas em exploração tanto das funções de objetos como de deslocamentos em ambientes, permitindo obter informações sobre interações entre o usuário e o serviço. Resulta em informações relevantes para testar hipóteses, identificar novas oportunidades e relacionar melhorias para a solução.

- **Baseadas em artefatos digitais e *software*** – Envolvem a elaboração de modelos analógicos ou digitais para testar artefatos digitais ou programas de computador associados ao serviço. Como sugestão, destacamos as seguintes ferramentas relacionadas a essa categoria:
  › *Wireframes* (estrutura básica de uma interface) – Envolvem esquemas para representar interfaces digitais, demonstrando como suas estruturas funcionam e se relacionam em sequência. Podem ser alinhados com mapas da jornada do usuário para auxiliar no desenvolvimento de outros protótipos de artefatos digitais ou programas de computador, visto que

também permitem a obtenção de informações relevantes para testar hipóteses, identificar novas oportunidades e relacionar melhorias para a solução.

› Ensaio de serviços digitais – Corresponde a uma variação do ensaio investigativo descrito anteriormente, porém seu foco está em investigar o serviço por meio da prototipação de interfaces digitais como se fossem conversas ou interações humanas, pois uma pessoa substitui o sistema durante esse tipo de prototipação. Essa ferramenta pode ser combinada com outros procedimentos, como *wireframes* e protótipos de papel, para se obterem informações relevantes para testar hipóteses, identificar novas oportunidades e relacionar melhorias para a solução.

› Prototipação em papel – Consiste em representar interfaces digitais por meio de desenhos que são apresentados aos usuários, permitindo um teste rápido por meio de uma simulação analógica. Para tanto, um moderador simula as respostas do sistema, substituindo as telas por páginas com o desenho de cada interface, conforme os comandos (cliques) do usuário. É possível obter informações relevantes para testar hipóteses, identificar novas oportunidades e relacionar melhorias para a solução.

› Modelos interativos clicáveis – Envolvem o uso de aplicativos especiais de prototipação que permitem testar o fluxo de navegação entre *links* de tela, cuja interface, originalmente desenhada à mão, é digitalizada. Com base na interação entre o usuário e o modelo, é possível obter informações relevantes para testar hipóteses, identificar novas oportunidades e relacionar melhorias para a solução.

- **Baseadas em ecossistemas e valor do negócio** – Envolvem o uso de ferramentas que permitem visualizar as relações e inter-relações entre diferentes meios, componentes e aspectos do serviço. Como sugestão, destacamos as seguintes ferramentas relacionadas a essa categoria:
  › Exemplo de comunicação – Consiste em compor anúncios publicitários que permitem verificar a proposta de valor do serviço e testar tanto a conveniência como o valor percebido diante de uma nova oferta. Resulta em informações relevantes para testar hipóteses, identificar novas oportunidades e relacionar melhorias para a solução, obtidas por meio de observação, entrevistas e cocriação.
  › Maquete de mapa de sistema – Esse tipo de protótipo pode ser construído por meio de dobraduras ou recortes de papel que representam pessoas, ambientes, canais de comunicação ou pontos de contato e que ajudam na compreensão de redes de valor complexas. Consiste, portanto, no reposicionamento desses componentes sobre uma mesa ou quadro que possibilite a visualização de relacionamentos e trocas por meio de setas e linhas que conectem tais componentes, permitindo testar hipóteses, identificar novas oportunidades e relacionar melhorias para a solução.
  › Business Model Canvas – Essa ferramenta visa ao escalonamento de um negócio associado ao serviço, possibilitando a cocriação e a visualização dos principais componentes do modelo de negócios, de forma a agrupar informações para testar hipóteses, identificar novas oportunidades e relacionar melhorias para a solução.

Stickdorn et al. (2020) também indicam a categoria de métodos gerais, que envolve diferentes finalidades para prototipação e engloba ferramentas tradicionais como *moodboards* (painéis visuais), esboço e outras abordagens de simulação. Cabe ressaltar que muitas outras ferramentas podem ser utilizadas além daquelas aqui sugeridas. Também é importante esclarecer que, conforme as necessidades do projeto orientado ao design de serviços, o designer pode adaptar, combinar e gerar novas formas de prototipar e testar soluções. O importante aqui é compreender que a prototipação é um caminho necessário para testar ideias e soluções em qualquer momento do processo. O designer pode, igualmente, verificar o serviço com o auxílio de ferramentas que permitam o mapeamento e a visualização de todos os aspectos, componentes e demais recursos associados ao serviço, como veremos a seguir.

5.5 Detalhando ferramentas para demonstração e compreensão do serviço

Entre as ferramentas que podem ser utilizadas para prospectar, demonstrar e facilitar a compreensão do serviço, destacamos o *blueprint* e o desenho do serviço. Na prática do design de serviços, entendemos que, além de empregar diferentes ferramentas de mapeamento de jornadas e de prototipação para elucidar alguns aspectos tangíveis do serviço, é necessário utilizar tanto ferramentas que auxiliem no planejamento e na prospecção de todos os elementos envolvidos na solução quanto ferramentas que auxiliem na visualização e na identificação desses elementos. Na sequência, confira como o designer pode utilizar o *blueprint* e o desenho do serviço.

5.5.1 Blueprint de serviços

O *blueprint* de serviços consiste em um tipo de mapeamento cronológico que se baseia em diferentes pontos de vista, como define Jim Kalbach (2017). Como vimos anteriormente, essa ferramenta pode ser utilizada tanto para analisar e compreender um serviço como para prospectar novas possibilidades para um serviço já existente ou para um novo serviço. Seu foco está em mapear o serviço e a experiência do usuário juntamente com o sistema de apoio (linha de frente e bastidores – *backstage*) oferecido aos usuários.

Nesse sentido, Shostack (1984 citado por Kalbach, 2017) defende o uso de mapas e diagramas para ajudar os designers de serviço não apenas a identificar problemas antes que aconteçam, mas também a visualizar o potencial para novas oportunidades. O autor conclui que essas ferramentas visuais podem encorajar tanto a criatividade e a solução de problemas como a implementação controlada do serviço proposto, reduzindo falhas e melhorando a capacidade de gerenciamento do serviço. É nesse sentido que destacamos a utilidade do *blueprint* e do desenho do serviço.

Assim, o *blueprint* de serviços se torna útil para visualizar diferentes interações, uma vez que, conforme observa Tenny Pinheiro (2015), a prática do design de serviços se diferencia de outras áreas do design ao integrar a perspectiva de todos os atores envolvidos no ecossistema do serviço – em que o mapa de *stakeholders* serve como base –, conforme o processo de design. Desse modo, o designer pode direcionar o uso do *blueprint* de serviços para visualizar o serviço sob todos os seus aspectos de forma a localizar pontos de melhoria e novas oportunidades, como observam Stickdorn e Schneider (2014).

Segundo esses autores, a ferramenta *blueprint* pode ser utilizada pelo designer para prospectar o serviço e demonstrar como ele deve ser idealmente.

Conforme Stickdorn e Schneider (2014), o *blueprint* de serviço corresponde a uma maneira de especificar e detalhar cada aspecto individual de um serviço. Para tanto, é possível utilizar a criação de esquemas visuais – como tabelas, matrizes, diagramas ou *canvas* – que incorporam as perspectivas do usuário, do provedor do serviço e de qualquer outra parte relevante que esteja envolvida (*stakeholders*). Todos os aspectos importantes do serviço devem ser identificados, desde os pontos de contato com o usuário até os processos de retaguarda (*backstage*).

Outro aspecto geralmente considerado na elaboração do *blueprint* é a produção colaborativa, que envolve pessoas selecionadas para participar de sessões de cocriação (*workshops*) por meio de usuários e *stakeholders* relacionados ao serviço. Isso permite gerar consciência compartilhada acerca de responsabilidades entre os atores envolvidos no serviço. Porém, independentemente da forma como o *blueprint* é construído, ele deve ser periodicamente revisado para que esteja em contato com o ambiente em que o provedor do serviço opera e de acordo com as preferências dos usuários a serem atendidos pelo serviço (Stickdorn; Schneider, 2014).

Como aponta Kalbach (2017), mapas da jornada ideal do usuário podem servir como base para o *blueprint*. Muitos são os modelos que podem ser utilizados como estrutura visual de um *bluprint*. Contudo, vamos compor o *blueprint* de acordo a estrutura apresentada anteriormente para o mapa da jornada do usuário, conforme o Quadro 5.1.

Quadro 5.1 – **Modelo de preenchimento do blueprint de serviço**

PONTOS DE CONTATO		ANTES ATRAIR	DURANTE ENTRAR	DURANTE USAR	DURANTE SAIR	DEPOIS RETORNAR	
LINHA DE FRENTE	Ações visíveis	Ações do usuário	Ações do usuário	Ações do usuário	Ações do usuário	Ações do usuário	Etapas da jornada → Subetapas da jornada
	Ações visíveis	Ações do usuário	Ações do usuário	Ações do usuário	Ações do usuário	Ações do usuário	→ Linha de interação
	Ações visíveis	Ações do usuário	Ações do usuário	Ações do usuário	Ações do usuário	Ações do usuário	
	Ações visíveis	Ações do usuário	Ações do usuário	Ações do usuário	Ações do usuário	Ações do usuário	→ Linha de visibilidade
BASTIDORES	Ações invisíveis	Ações do sistema e/ou stakeholders	Ações do sistema e/ou stakeholders	Ações do sistema e/ou stakeholders	Ações do sistema e/ou stakeholders	Ações do sistema e/ou stakeholders	
	Ações invisíveis	Ações do sistema e/ou stakeholders	Ações do sistema e/ou stakeholders	Ações do sistema e/ou stakeholders	Ações do sistema e/ou stakeholders	Ações do sistema e/ou stakeholders	

Fonte: Elaborado com base em Stickdorn et al., 2020; Kalbach, 2017.

Depois de definir as etapas e subetapas da jornada do serviço, o designer pode compor as colunas de uma tabela ou matriz, considerando as seguintes informações:

- **Pontos de contato ou evidências físicas** – São artefatos tangíveis (físicos) e intangíveis (virtuais, sistemas ou verbalizações) derivados do serviço e que permitem interação por parte do usuário.

- **Ações do usuário** – Descrevem o que o usuário faz em cada etapa da jornada (antes, durante e depois da interação), podendo incluir várias evidências físicas. Podem estar conectadas com interações tanto da linha de frente (*frontstage*) como dos bastidores (*backstage*) do serviço.
- **Linha de interação** – Corresponde à jornada propriamente dita e que divide as ações do usuário e as ações da linha de frente.
- **Ações da linha de frente (*frontstage*)** – Envolvem todas as ações visíveis ao usuário e presentes na linha frente do serviço (*frontstage*) por meio de funcionários e/ou do sistema utilizado para a prestação do serviço.
- **Linha de visibilidade** – Separa as ações da linha de frente (*frontstage*) das ações dos bastidores (*backstage*).
- **Bastidores (*backstage*)** – Envolvem as ações invisíveis ao usuário a partir dos bastidores do serviço (*backstage*) por meio de funcionários, *stakeholders* e/ou sistema, partes integrantes do serviço, mas que não são percebidas pelo usuário.

Assim, é bem clara a compreensão de que o *blueprint* pode ser visto como uma extensão do mapa da jornada ideal do usuário diante do serviço, conectando as experiências dos usuários às ações visíveis e invisíveis do serviço, ou seja, integrando o usuário tanto com a linha de frente quanto com os bastidores do projeto (Stickdorn et al., 2020).

É importante que o designer do projeto tenha em mãos todo o material coletado e produzido durante o processo de design de serviços, como análise, estudos de jornadas, ferramentas para definição e empatia em relação aos usuários, mapas de *stakeholders* e ecossistemas e resultados de ferramentas de definição como critérios norteadores. Esse conteúdo será útil durante o preenchimento do quadro e a prospecção do serviço com base em todas as interações que o *blueprint* permite que sejam relacionadas. Adicionalmente, o designer do projeto pode orientar o preenchimento dos campos do *blueprint* referentes aos pontos de contato e às ações (primeira coluna do Quadro 5.1), considerando as seguintes especificações (Kalbach, 2017):

- Pontos de contato do serviço que são vistos pelo usuário:
  › Humanos – Envolvem interação com outras pessoas, como representantes de vendas, *telemarketing* e suporte por telefone.
  › Estáticos – Envolvem contato com materiais e informações, porém sem interação com os usuários, como *e-mail, e-mail marketing,* anúncios, panfletos e cartazes.
  › Interativos – Envolvem meios e suportes que interagem com o usuário, como *sites,* aplicativos e *chats.*
- Ações do serviço que não são vistas pelo usuário por meio de funcionários, sistemas e demais *stakeholders,* considerando-se o mapa de *stakeholders* como base de consulta:
  › **Ambiente interno** – Abrange ações controladas pela empresa, como produtos, *sites,* redes sociais, atendimento (funcionários), departamento comercial e setor de logística e distribuição;

› **Ambiente externo** – Abrange ações não controladas pela empresa, mas que fazem parte do serviço, como fornecedores, serviço de entrega, publicidade contratada e parcerias.

Como exemplo, podemos citar o *blueprint* de serviços desenhado para o Projeto Incondicional, em que os autores Cibele Damaceno, Ivan da Silva e Luana dos Santos (2019) utilizaram o design de serviços para compor uma solução voltada à sensibilização dos pretendentes à adoção de crianças, porém com foco em um serviço de informação sobre a situação de crianças e adolescentes considerados fora de perfil. Nesse *blueprint*, os autores identificaram os aspectos tangíveis do serviço tendo em vista a linha de frente (*frontstage*), composta por materiais gráficos (panfleto e cartaz), redes sociais, *site* (plataforma centralizadora de informações) e brindes (para engajamento do público). Adicionalmente, organizaram todas as ações intangíveis considerando-se os bastidores do serviço (*backstage*), levando em conta a atuação de parceiros e desenvolvedores envolvidos no projeto. Com a definição de todos os aspectos tangíveis e intangíveis atrelados ao serviço, o *blueprint* também organiza as ações previstas em cada uma das etapas de interação para a jornada do usuário, determinadas na linha de frente, e para os parceiros, delimitados nos bastidores do serviço, como representado no Quadro 5.2.

Quadro 5.2 – **Blueprint de serviço prospectado para o Projeto Incondicional, de Damaceno, Silva e Santos (2019)**

	Pontos de contato	Antes da informação	Durante a informação	Depois da informação
Frontstage	Flyer	• Recebe o material em órgão, grupo de apoio, etc. e conecta-se ao projeto.		
	Cartaz	• Visualiza o material e conecta-se ao projeto.		
	Redes Sociais	• Conhece a fanpage do Instagram e/ou Facebook e conecta-se ao projeto.	• Recebe informações breves de adoção e apadrinhamento.	
	Site		• Recebe informações aprofundadas de adoção e apadrinhamento.	
	Botton			• Faz download do modelo, produz e contribui para a divulgação do projeto.
	Camiseta			• Faz download do modelo, produz e contribui para a divulgação do projeto.

(continua)

(Quadro 5.2 – continuação)

		SERVICE BLUEPRINT		
Backstage	Grupos de Apoio ou ONGs	• Divulga o projeto. • Encaminha o conteúdo (vídeos, fotos, eventos, etc.).	• O conteúdo é publicado e fica disponível para consulta.	• Atende pessoas que se informaram através do serviço.
	Vara da Infância	• Contribui com a divulgação do projeto. • Encaminha o conteúdo (vídeos, fotos, eventos, etc.).	• O conteúdo é publicado e fica disponível para consulta.	• Atende pessoas que se informaram através do serviço.
	Pais adotivos	• Encaminham o depoimento pessoal.	• O conteúdo é publicado e fica disponível para consulta.	
	Apoiadores da Causa*	• Contribuem com apoios, patrocínios, etc.	• Recebem agradecimentos e/ou divulgação através das redes sociais.	
	Escritório de design — Redes Sociais	• Pesquisa, produz, planeja e publica: conteúdos oriundos de órgãos responsáveis, grupos de apoio, pais adotivos, etc.; informações de adoção e apadrinhamento; agradecimentos e divulgação de apoiadores.	• Responde o contato feito pelas redes sociais: comentários do Facebook, Facebook Messenger e Instagram Direct.	• Atualiza informações já publicadas.

(Quadro 5.2 – conclusão)

			SERVICE BLUEPRINT		
Backstage	Escritório de design	Site	• Pesquisa, produz e publica: conteúdos oriundos de órgãos responsáveis, grupos de apoio, pais adotivos, apoiadores, etc.; informações de adoção e apadrinhamento; • Analisa pedidos de publicação de eventos e publica-os. • Faz upload de arquivos do projeto para o site.	• Responde contato feito em formulário.	• Atualiza informações já publicadas.
		Materiais gráficos	• Produção e impressão do material para divulgação do projeto		

* Os apoiadores da causa são responsáveis por viabilizar o projeto. Trata-se de uma pessoa física ou empresa que investe dinheiro no projeto em troca de benefícios.

Fonte: Damaceno; Silva; Santos, 2019, p. 133.

Podemos observar no *blueprint* de Damaceno, Silva e Santos (2019) todos os aspectos do serviço e como é possível organizar visual e estrategicamente as informações necessárias para planejar e compreender o serviço.

Por fim, reforçamos que essa ferramenta deve ser constantemente revisada, tendo em mente todas as condições envolvidas na solução do serviço. Contudo, o designer do projeto também pode utilizar mais uma ferramenta para gerenciar e visualizar todos os componentes da solução, de forma combinada ou complementar. Nesse sentido, Pinheiro (2015, p. 53) explica que "desenhar um serviço é desenhar uma jornada, e isso significa, no final das contas, desenhar momentos na vida das pessoas".

5.5.2 **Desenho do serviço**

Com base em diferentes autores e designers que desenvolvem projetos orientados a serviços, vemos que existem diferentes formas de compor o desenho serviço. Segundo Guilherme Meyer (2016), o desenho está associado à noção de reprodução e pode reproduzir um objeto ou uma situação distanciando-se destes minimamente. Meyer (2016, p. 83) acrescenta que, "para alcançar êxito na tarefa de reproduzir por meio de desenho, cabe ao projetista investigar com máxima precisão os elementos constitutivos daquilo que representa". Embora esse autor esteja se referindo principalmente ao desenho de produtos, podemos estabelecer aqui uma aproximação com o desenho do serviço, visto que tal definição se aplica adequadamente a essa situação.

Desse modo, utilizamos como exemplo o mapa do serviço, que ilustra os principais componentes propostos por meio do design de serviços voltado a um serviço que auxilie na informação, conscientização e prevenção dos fatores que ampliam a ansiedade do usuário no ambiente de trabalho (Carvalho; Silva, 2020). No trabalho desenvolvido por André Henrique de Carvalho e Flávia Camargo da Silva, os pesquisadores estabeleceram o ponto central do serviço em um *site*, porém o mapa relaciona todos os componentes de interação com o usuário por meio de uma jornada, configurando o desenho do serviço, como indica a Figura 5.13.

Figura 5.13 – **Mapa do serviço de Carvalho e Silva (2020)**

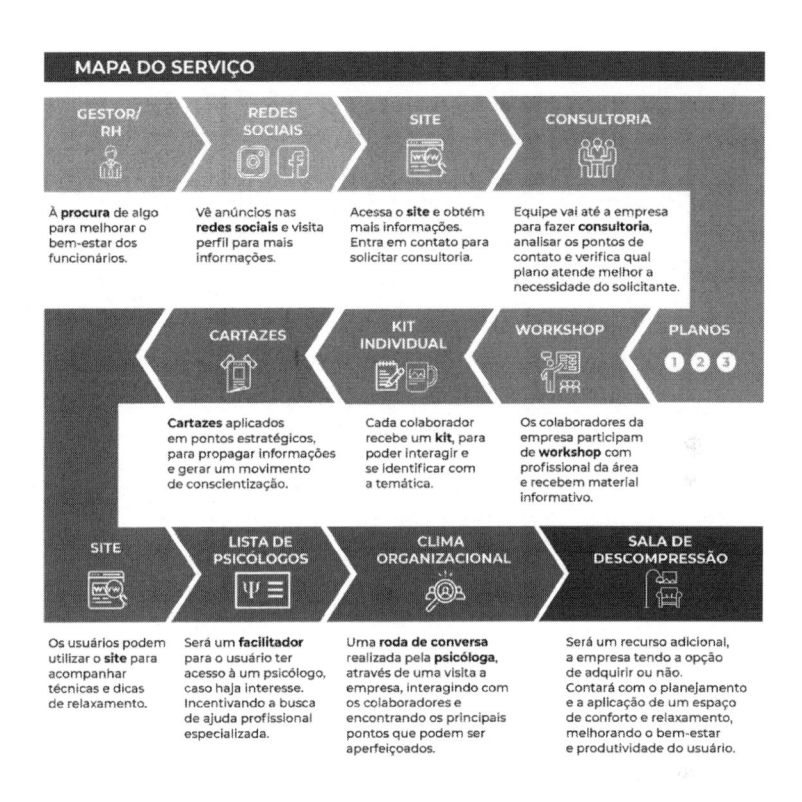

MAPA DO SERVIÇO			
GESTOR/ RH	**REDES SOCIAIS**	**SITE**	**CONSULTORIA**
À **procura** de algo para melhorar o bem-estar dos funcionários.	Vê anúncios nas **redes sociais** e visita perfil para mais informações.	Acessa o **site** e obtém mais informações. Entra em contato para solicitar consultoria.	Equipe vai até a empresa para fazer **consultoria**, analisar os pontos de contato e verifica qual plano atende melhor a necessidade do solicitante.
CARTAZES	**KIT INDIVIDUAL**	**WORKSHOP**	**PLANOS** ① ② ③
Cartazes aplicados em pontos estratégicos, para propagar informações e gerar um movimento de conscientização.	Cada colaborador recebe um **kit**, para poder interagir e se identificar com a temática.	Os colaboradores da empresa participam de **workshop** com profissional da área e recebem material informativo.	
SITE	**LISTA DE PSICÓLOGOS**	**CLIMA ORGANIZACIONAL**	**SALA DE DESCOMPRESSÃO**
Os usuários podem utilizar o **site** para acompanhar técnicas e dicas de relaxamento.	Será um **facilitador** para o usuário ter acesso à um psicólogo, caso haja interesse. Incentivando a busca de ajuda profissional especializada.	Uma **roda de conversa** realizada pela **psicóloga**, através de uma visita a empresa, interagindo com os colaboradores e encontrando os principais pontos que podem ser aperfeiçoados.	Será um recurso adicional, a empresa tendo a opção de adquirir ou não. Contará com o planejamento e a aplicação de um espaço de conforto e relaxamento, melhorando o bem-estar e produtividade do usuário.

Fonte: Carvalho; Silva, 2020, p. 125, grifo do original.

Assim, tanto o *blueprint* como o desenho do serviço permitem ao gestor do projeto agrupar e visualizar tudo o que estiver envolvido com a solução em design de serviços; além disso, essas ferramentas podem ser usadas como base para iniciar a implementação de serviços, como verificamos no capítulo anterior.

SÍNTESE

Neste capítulo, conferimos ferramentas úteis para serem aplicadas em cada uma das etapas do processo de design de serviços, tendo como base o método do diamante duplo. Atribuímos especial atenção ao detalhamento do *blueprint* e do desenho do serviço, uma vez que são ferramentas inicialmente complexas, mas com potencial significativo para demonstrar e facilitar a compreensão de um serviço proposto, elucidando eventuais dúvidas e potencializando a prospecção de todos os fatores tangíveis e intangíveis para o serviço. Com isso, ressaltamos a importância do uso dessas e de outras ferramentas – inclusive aquelas não relacionadas aqui, mas igualmente úteis ao processo de design de serviços.

Nesse sentido, destacamos que essas ferramentas devem ser selecionadas e utilizadas conforme as necessidades da solução a ser alcançada, considerando-se a síntese e a visualização de informações, a geração de ideias e alternativas, a prototipação, o mapeamento e a prospecção do serviço, com vistas à verificação e à implementação do serviço de forma bastante visual e intuitiva. Também mostramos a importância da iteração durante todo o processo e o cuidado com a seleção e a combinação de ferramentas, a fim de se obter sempre o melhor proveito no desenvolvimento de soluções.

QUESTÕES PARA REVISÃO

1. A etapa de descoberta envolve a exploração de informações sobre o contexto do problema a ser solucionado, cabendo ao designer "descobrir novas perspectivas acerca de um determinado serviço, o que pode implicar colocar-se 'na pele' de clientes, funcionários,

gestores, ou até concorrentes, para desenvolver novos insights sobre a experiência do serviço" (Stickdorn; Schneider, 2014, p. 151). Assim, as descobertas obtidas nessa etapa servem como referência e embasamento para as demais etapas do processo. Por esse motivo, é essencial o uso de ferramentas que gerem resultados confiáveis e convincentes. Assinale a alternativa que apresenta uma ferramenta **inadequada** à etapa de descoberta, uma vez que essa etapa envolve a divergência e a coleta de informações para embasamento do processo de design:

a. Pesquisa *desk*.
b. Pesquisa autoetnográfica.
c. Mapa de *stakeholder*.
d. Entrevista contextual.
e. Grupo focal.

2. A etapa de definição pode ser considerada como um momento intermediário entre as etapas de descoberta e de desenvolvimento. Algumas ferramentas utilizadas na etapa de descoberta para visualização, síntese e análise de informações são acessadas constantemente e revisadas durante a etapa de definição. Da mesma forma, algumas ferramentas de ideação começam a ser esboçadas na etapa de definição com foco na delimitação dos *insights* para direcionar a etapa de desenvolvimento. Com base nessas informações e nos conteúdos abordados neste capítulo, assinale a alternativa que apresenta uma ferramenta **inadequada** à etapa de definição, uma vez que essa etapa envolve a convergência de informações para direcionar o processo de design:

a. Mapa de empatia.
b. Mapa de expectativas.
c. *Blueprint* do serviço.
d. Análise de similares.
e. Sonda cultural.

3. "O design de serviços utiliza a mesma abordagem iterativa de teste e reteste" em produtos físicos (Stickdorn; Schneider, 2014, p. 134). No entanto, diferentemente do que ocorre com a testagem de produtos, a prototipação de serviços geralmente envolve aspectos intangíveis e requer métodos mais específicos. Nesse sentido, é possível ainda considerar e utilizar diferentes formas de consulta com os usuários para testar serviços. Com base nessas informações e nos conteúdos abordados neste capítulo, assinale a alternativa que apresenta uma ferramenta **inadequada** à etapa de entrega, uma vez que envolve a convergência de informações para direcionar a prototipação e a implementação do serviço por meio do processo de design:

a. Ensaio investigativo.
b. Análise de similares.
c. Maquete de mesa.
d. Prototipação em papelão.
e. Modelos clicáveis.

4. O processo de ideação utiliza ferramentas para gerar e selecionar ideias, porém é necessário muito planejamento para direcionar sua condução durante a etapa de desenvolvimento. As ferramentas

de ideação podem ser aplicadas em sessões de cocriação e desenvolvimento colaborativo entre os participantes pré-selecionados. Segundo Stickdorn et al. (2020) e com base no que foi discutido neste capítulo, quais são as categorias de base para agrupar procedimentos e ferramentas durante a etapa de desenvolvimento? Relacione as três etapas e comente suas principais características.

5. Durante a etapa de entrega, o designer pode proceder a uma breve reflexão sobre o que fazer ou construir para que possa testar a solução em design de serviços. Stickdorn et al. (2020) consideram que compor mapas da jornada ideais do usuário diante do serviço pode ser um início coerente. Entre as ferramentas que podem ser utilizadas para prospectar, demonstrar e facilitar a compreensão do serviço, destacamos o *blueprint* do serviço, que consiste em um tipo de mapeamento cronológico que se baseia em diferentes pontos de vista (Kalbach, 2017). Essa ferramenta é muito útil para visualizar diferentes interações, pois integra a perspectiva de todos os atores envolvidos no ecossistema do serviço, conforme o processo de design. Assim, o designer pode direcionar o uso do *blueprint* de serviços para visualizar o serviço sob todos os seus aspectos de forma a localizar pontos de melhoria e novas oportunidades. Outro aspecto importante para prospectar serviços por meio do *blueprint* é a identificação dos pontos de contato do serviço que são vistos pelo usuário. Mas quais são os tipos de pontos de contato que podem ser percebidos pelo usuário? Cite exemplos.

QUESTÕES PARA REFLEXÃO

1. Neste último capítulo, apresentamos uma caixa de ferramentas organizadas conforme as etapas do método do diamante duplo. Para refletir sobre parte dos assuntos abordados aqui, retome as análises sugeridas nos capítulos anteriores sobre um serviço que você utiliza diariamente, pois elas são úteis para auxiliar na composição das seguintes ferramentas:

    a. *Blueprint* de serviço – Analise o serviço com base no mapeamento das interações entre os usuários e os pontos de contato do serviço a partir da linha de frente (aspectos tangíveis do serviço). Verifique que as análises realizadas nos capítulos anteriores – como o *mix* de *marketing* estendido e o *canvas* da proposta de valor – podem ser úteis nessa parte do *blueprint*. Em seguida, identifique as ações dos bastidores (aspectos intangíveis do serviço), tendo por base as ações necessárias, mas que não são vistas pelo usuário, para que o serviço aconteça. Observe também que as análises e as atividades propostas nos capítulos anteriores podem auxiliar na composição dessa parte do *blueprint*, como é o caso do mapa de *stakeholders*. Contemple todos os aspectos do *blueprint* indicados neste capítulo para o uso dessa ferramenta.

    b. Desenho do serviço – Elabore uma jornada ideal do usuário diante do novo serviço e considere todos os pontos de contato relacionados no *blueprint*. Para tanto, elabore o desenho representativo do serviço, indicando em que momento os aspectos tangíveis do serviço estão presentes, de forma a obter uma representação visual que permita identificar tudo o que está relacionado ao serviço.

Depois de finalizar a aplicação dessas ferramentas, analise os resultados e registre se há oportunidades não mapeadas anteriormente ou se há algum aspecto a corrigir, adaptar ou melhorar diante do serviço em questão. Com base no uso das ferramentas, você pode identificar que elementos e ações relacionados aos pontos de contato e às evidências físicas estão associados ao serviço. Assim, ao prospectar um novo serviço, essas ferramentas servem como um guia do que é possível prototipar e testar por meio de modelos físicos, *mock-ups* ou maquetes, para verificar o comportamento de uma solução. É importante reforçar que o envolvimento de usuários na interação com protótipos é essencial. Seja crítico e continue estudando sobre o tema, pois sempre há possibilidades que ainda podem ser refinadas.

2. Existem diferentes ferramentas para mapear experiências e serviços. Neste capítulo, apresentamos diferentes ferramentas, incluindo o mapeamento de jornadas. Você também pode utilizar outros tipos de mapas para utilizar na visualização, síntese e análise das informações que descobrir durante o processo de design e para direcionar a composição de soluções em design de serviços, como é o caso do mapa da experiência do usuário e do *blueprint* de serviços. Mas você sabe qual é a diferença entre esses mapas? Segundo Kalbach (2017), o mapa da jornada está focado no usuário e no mapeamento de suas interações com o serviço, assim como o mapa da experiência do usuário, que visa mapear o comportamento do usuário e identificar como o serviço se encaixa em sua rotina. Já o *blueprint* de serviços – que também é um tipo de mapa – está focado no mapeamento do serviço,

com vistas a mapear a experiência do usuário diante do sistema de apoio que o serviço lhe fornece, considerando tanto as ações visualizadas pelo usuário (linha de frente) como aquelas que ele não visualiza (bastidores). Você acha relevante mapear todas essas situações ainda na etapa de descoberta? Julga ser relevante utilizar esses mapeamentos em outros momentos do processo? Acredita que utilizar ou combinar esses mapas possibilita a obtenção de resultados relevantes para o design de serviços em diferentes etapas do processo? Reflita sobre essas questões e construa seus próprios argumentos acerca disso com base em tudo o que discutimos ao longo deste livro.

Considerações *finais*

Desenvolver soluções em design de serviços envolve muitos aspectos e possibilidades, como bem destacamos ao longo dos capítulos deste livro. No entanto, há sempre alguns pontos a focar, como a adequação da solução ao problema do serviço. É necessário buscar o equilíbrio entre o que o usuário do serviço deseja, o que o prestador do serviço pode fazer e os recursos que estão disponíveis para que o serviço seja ofertado com qualidade. Nesse sentido, reforçamos aqui que todos os procedimentos envolvidos na construção da solução podem – e devem – ser revisados constantemente para que a solução realmente esteja adequada ao problema de design de serviços.

Adicionalmente, destacamos que o compartilhamento de informações entre os atores que participam da construção de uma solução em design de serviços traz muitos benefícios. Por esse motivo, a escolha do processo de design para a condução de projetos orientados a serviços – e sua consequente aplicação responsável – é essencial para descobrir o problema, definir estratégias, desenvolver alternativas e entregar uma solução adequada ao serviço. Também é fundamental observar que, considerando-se o contexto contemporâneo e sua complexidade, o designer de serviços sempre precisa estar conectado ao problema de forma sistêmica e estratégica para alcançar soluções desejáveis, praticáveis e viáveis. Portanto, manter-se atualizado, conectar-se com diferentes áreas de conhecimento e estar disposto a sair da zona de conforto são atitudes que constituem o ponto de partida para desenvolver soluções em design de serviços. E aí, você realmente está pronto para isso?

Referências

A NATUREZA dos serviços. **BH1: Marketing e Tecnologia**, 3 set. 2018. Disponível em: <http://www.bh1.com.br/admi nistracao-de-marketing/a-natureza-dos-servicos>. Acesso em: 26 nov. 2021.

ANDRADE, A. L. et al. **Pensamento sistêmico**: caderno de campo – o desafio da mudança sustentada nas organizações e na sociedade. Porto Alegre: Bookman, 2006.

BASTANI, K. R.; POSSAS, D. de C. Design sistêmico para inovação social: a construção de uma oficina de chá para idoso. In: CONGRESSO BRASILEIRO DE PESQUISA E DESENVOLVIMENTO EM DESIGN, 12., 2016, Belo Horizonte. **Anais**... Belo Horizonte: Blucher Design Proceedings, 2016. p. 3298-3307. Disponível em: <https://www.proceedings.blucher.com.br/article-details/design-sistmico-para-inovao-social-a-construo-de-uma-oficina-de-ch-para-idoso-24519>. Acesso em: 26 nov. 2021.

BISTAGNINO, L. Design sistêmico: uma abordagem interdisciplinar para a inovação. In: MORAES, D.; KRUCKEN, L. (Org.). **Cadernos de estudos avançados em design**: sustentabilidade. Barbacena: EdUEMG, 2009. p. 13-29.

BROWN, T. **Design thinking**: uma metodologia poderosa para decretar o fim das velhas ideias. Rio de Janeiro: Elsevier, 2010.

BULEY, L. **The User Experience Team of One**. Roselfeld: New York, 2013.

CARDONA, F. V. B. Transdisciplinaridade, interdisciplinaridade e multidisciplinaridade. **WebArtigos**, 19 mar. 2010. Disponível em: <goo.gl/tnFHpb> Acesso em: 26 nov. 2021.

CARVALHO, A. H. de; SILVA, F. C. da. **Por Outro Lado**: um serviço institucional de informação e conscientização sobre saúde mental e auxílio na redução da ansiedade do usuário no ambiente de trabalho corporativo. 240 f. Monografia (Graduação em Design Projeto Visual) – Universidade Positivo, Curitiba, 2020.

CARVALHO, H. Double diamond: o que é esse processo de design. **Vida de Produto**, 2 dez. 2019. Disponível em: <https://vidadeproduto.com.br/double-diamond/#Etapa_2_Definir>. Acesso em: 26 nov. 2021.

CAVALCANTI, C. C.; FILATRO, A. C. **Design thinking**: na educação presencial, a distância e coorporativa. São Paulo: Saraiva, 2016.

COUTINHO, A.; PENHA, A. **Design estratégico**: direções criativas para um mundo em transformação. Rio de Janeiro: Rio Books, 2017.

DAMACENO, C. T.; SILVA, I. de D. da; SANTOS, L. M. dos. **Projeto Incondicional**: o design thinking de serviços na sensibilização dos pretendentes à adoção sobre a situação de crianças e adolescentes considerados fora de perfil. 224 f. Monografia (Graduação em Design Projeto Visual) – Universidade Positivo, Curitiba, 2019.

DAMAZIO, V.; MONT'ALVÃO, C. Prefácio. In: NORMAN, D. A. **Design emocional**: por que adoramos (ou detestamos) os objetos do dia a dia. Rio de Janeiro: Rocco, 2008. p. 11-21.

ERL, T. **SOA**: princípios do design de serviço. São Paulo: Pearson Prentice Hall, 2009.

EXPERIÊNCIA. In: **Google**. Disponível em: <https://www.google.com/search?client=firefox-b-d&q=experi%C3%A Ancia>. Acesso em: 26 nov. 2021a.

EXPERIÊNCIA. In: **Priberam Dicionário**. Disponível em: <https://dicionario.priberam.org/experi%C3%AAncia>. Acesso em: 25 nov. 2021b.

FIORETTI, M. De produtos para serviços: um dilema industrial. In: PINHEIRO, T. D. **The Service Startup**: Design Gets Lean – inovação é empreendedorismo por meio do design. Rio de Janeiro: Alta Books, 2015. p. 37-39.

FRANÇA, R. B.; ALEM, T. H. B.; PÊGO, K. A. C. Aplicação da abordagem sistêmica no âmbito de um empreendimento existente, por meio do Workshop Design Sistêmico Loading... A Construção de um Modelo Econômico--Produtivo Sustentável. **Mix Sustentável**, Florianópolis, v. 5, n. 5, p. 95-108, dez. 2019. Disponível em: <https://www.researchgate.net/publication/338756879_A_APLICACAO_DA_ABORDAGEM_SISTEMICA_NO_AMBITO_DE_UM_EMPREENDIMENTO_EXISTENTE_POR_MEIO_DO_WORKSHOP_%27DESIGN_SISTEMICO_LOADING_A_CONSTRUCAO_DE_UM_MODELO_ECONOMICO-PRODUTIVO_SUSTENTAVEL%27>. Acesso em: 30 nov. 2021.

FREIRE, K. de M.; DAMAZIO, V. Design de serviços: conceitos e reflexões sobre o futuro da disciplina. In: CONGRESSO BRASILEIRO DE PESQUISA E DESENVOLVIMENTO EM DESIGN, 9., 2010, São Paulo. **Anais**... São Paulo: Anhembi Morumbi, 2010. v. 10.

GIBBONS, S. Design Thinking 101. **Nielsen Norman Group**, July 31 2016. Disponível em: <https://www.nngroup.com/articles/design-thinking>. Acesso em: 26 nov. 2021.

HOLLINS, B.; HOLLINS, G. **Over the Horizon**: Planning Products Today for Success Tomorow. London: John Wiley & Sons, 1999.

JONES, P. H. Systemic Design Principles for Complex Social Systems. In: METCALF, G. S. (Ed.). **Social Systems and Design**. Tokyo: Springer Japan, 2014. p. 91-128. (Translational Systems Sciences, v. 1).

KALBACH, J. **Mapeamento de experiências**: um guia para criar valor por meio de jornadas, blueprints e diagramas. Rio de Janeiro: Alta Books, 2017.

KOTLER, P. **Administração de marketing**. 10. ed. São Paulo: Prentice Hall, 2000.

KOTLER, P.; KELLER, K. **Marketing Management**. 12. ed. New Jersey: Pearson Prentice Hall, 2006.

MAGER, B. Service Design as an Emerging Field. In: MIETTINEN, S.; KOIVISTO, M. (Ed.). **Designing Services with Innovative Methods**: Perspectives on Service Design. Keuruu: University of Art and Design Helsinki, 2009. p. 28-43.

MANZINI, E.; MERONI, A. Design em transformação. In: KRUCKEN, L. **Design e território**: valorização de identidades e produtos locais. São Paulo: Studio Nobel, 2009. p. 13-16.

MELLO, C. H. P. **Modelo para projeto e desenvolvimento de serviços**. 332 f. Tese (Doutorado em Engenharia) – Escola

Politécnica da Universidade de São Paulo, São Paulo, 2005. Disponível em: <http://www.producao.ufrgs.br/arquivos/disciplinas/508_mello_2005.pdf>. Acesso em 26 nov. 2021.

MEYER, G. C. Pensando o desenho: reprodução, representação e validação. In: SCALETSKY, C. C. (Org.). **Design estratégico em ação**. São Leopoldo: Ed. da Unisinos, 2016. p. 83-94.

MJV Team. **Design estratégico**: o que é e quais as vantagens da metodologia. 19 nov. 2019. Disponível em: <https://www.mjvinnovation.com/pt-br/blog/design-estrategico>. Acesso em: 26 nov. 2021.

MORAES, D. Marketing de serviços: o que é e por que ele é importante para sua empresa. **Rock Content**, 3 jul. 2018. Disponível em: <https://rockcontent.com/br/blog/marketing-de-servicos>. Acesso em: 26 nov. 2021.

MUDIE, P.; PIRRIE, A. **Services Marketing Management**. 3. ed. Burlington, MA: Elsevier, 2006.

NORMAN, D. A. The Design of Everyday Things. Revised and Expanded Edition. New York: Basic Books, 2013.

NORMAN, D.A. **Design emocional**: por que adoramos (ou detestamos) os objetos do dia a dia. Rio de Janeiro: Rocco, 2008.

OSTERWALDER, A.; PIGNEUR, Y. **Business Model Genetation**: a Handbook for Visionaries, Game Changers, and Challengers. New Jersey: John Wiley & Sons, 2010.

PEREIRA, F. V. **Contribuições do pensamento sistêmico no design contemporâneo**. 112 f. Dissertação (Mestrado em Design e Arquitetura) – Faculdade de Arquitetura e Urbanismo da Universidade de São Paulo, São Paulo, 2014. Disponível em: <https://teses.usp.br/teses/disponiveis/16/16134/tde-12092014-095709/publico/ME_FABIANO_PEREIRA_REV.pdf>. Acesso em: 25 nov. 2021.

PINHEIRO, T. D. **The Service Startup**: Design Gets Lean – inovação e empreendedorismo por meio do design. Rio de Janeiro: Alta Books, 2015.

PLENTZ, B. O que é design de serviço? **Homa Design de Serviço**, 5 jul. 2019. Disponível em: <https://homadesign.com.br/o-que-e-design-de-servico>. Acesso em: 22 fev. 2021.

PORTUGAL, C. **Design, educação e tecnologia**. Rio de Janeiro: Rio Books, 2013.

PREECE, J.; ROGERS, Y.; SHARP, H. **Design de interação**: além da interação humano-computador. 3. ed. Porto Alegre: Bookman, 2013.

PRETO, S. C. S.; FIGUEIREDO, L. F. G. O pensamento sistêmico como ferramenta organizacional da gestão de design nos grupos produtivos econômicos solidários. **Projética**: Revista Científica de Design, Londrina, v. 3, p. 63-78, jul. 2012. Disponível em: <https://www.uel.br/revistas/uel/index.php/projetica/article/view/12374/11340>. Acesso em: 25 nov. 2021.

RUSKIN-BROWN, I. **Marketing Your Service Business**. London: Thorogood, 2005.

SCALETSKY, C. C.; COSTA, F. C. X. da; BITTENCOURT, P. Primeira parte: reflexões sobre o design estratégico. In:

SCALETSKY, C. C. (Org.). **Design estratégico em ação**. São Leopoldo: Ed. da Unisinos, 2016. p. 14-22.

SEBRAE – Serviço de Apoio às Micro e Pequenas Empresas. **Design de serviços**: crie negócios encantadores. 25 jun. 2014. Disponível em: <https://bit.ly/3vBRUkO>. Acesso em: 20 fev. 2021.

SECAF, V. M. S. Design estratégico: identifique oportunidades e encontre soluções com criatividade e inovação. **Setting Consultoria**, 20 ago. 2019. Disponível em: <https://setting.com.br/blog/estrategia/design-estrategico>. Acesso em: 28 nov. 2020.

SERVIÇO. In: **Priberam Dicionário**. Disponível em: <https://dicionario.priberam.org/servi%C3%A7o>. Acesso em: 20 maio 2021.

SOLUCE. **Método duplo diamante**: origem e aplicações. 27 maio 2020. Disponível em: <https://www.soluce.com.br/post/duplo-diamante>. Acesso em: 22 fev. 2021.

STICKDORN, M. et al. **Isto é design de serviço na prática**. Porto Alegre: Bookman, 2020.

STICKDORN, M.; SCHNEIDER, J. **Isto é design thinking de serviços**. Porto Alegre: Bookman, 2014.

TEIXEIRA, F. **Introdução e boas práticas em UX Design**. São Paulo: Casa do Código, 2017.

VEZZOLI, C. et al. **Sistema produto+serviço sustentável**: fundamentos. Tradução de Aguinaldo dos Santos. Curitiba:

Insight, 2018. Disponível em: <http://editorainsight.com.br/wp-content/uploads/2018/03/aSistema-ProdutoServico-Sustentavel_web.pdf>. Acesso em: 7 jan. 2022.

VIANNA, M. J. et al. **Design thinking**: inovação em negócios. Rio de Janeiro: MJV Press, 2012.

Res*postas*

CAPÍTULO 1

QUESTÕES PARA REVISÃO

1. d
2. a
3. e
4. A resposta deve apresentar exemplos de bens puramente tangíveis: sabonetes, alimentos industrializados, roupas, acessórios etc. É importante descrever aspectos como características físicas (tangibilidade: tamanho, cor, textura, gosto, cheiro etc.), forma de aquisição/acesso (ações envolvidas para se obter o bem) e experiência com o bem (relacionamento com o produto).
5. A resposta deve indicar que usuário percebe o serviço por meio dos pontos de contato e das evidências físicas oferecidas durante seu relacionamento com o serviço. Assim, apesar da intangibilidade, esses pontos de contato e essas evidências físicas ajudam o usuário a perceber as ações associadas ao serviço, como no caso de *sites*, panfletos, placas, atendentes, redes sociais etc. Cada um desses itens pode variar conforme o tipo de serviço, além de ser delimitado com base em suas características-chave (intangibilidade, inseparabilidade, variabilidade e perecibilidade), de acordo com a prospecção do serviço.

QUESTÕES PARA
REFLEXÃO

1. Nesta questão, a proposta é fazer um exercício prático e aplicar uma ferramenta de síntese e agrupamento de informações (tabela) com base nos cinco componentes do *mix* de *marketing* estendido a serviços. Para tanto, o ideal é compor a tabela e preenchê-la livremente para, depois, analisar os resultados de forma crítica e com base nos conteúdos abordados no primeiro capítulo deste livro.

2. Nesta questão, é importante que o serviço escolhido seja personificado de alguma forma (avatar), de maneira que se torne uma entidade com a qual o usuário se identifique e se relacione. O texto para descrever o avatar pode ser discursivo ou organizado em tópicos descritivos, como se fosse uma ficha de personagem. O formato para essa composição é livre, pois o que mais importa é o exercício de personificação do serviço para melhor entendê-lo e para compreender como prospectar serviços.

3. A reflexão sobre a sustentabilidade com base na rede de *fast-food* é delicada, urgente e complexa. Nesta questão, é importante refletir de forma consciente e prática sobre o serviço e a forma como cada um de seus componentes se relaciona ética e socialmente, conforme os critérios de sustentabilidade para PSS abordados neste livro.

CAPÍTULO 2

QUESTÕES PARA REVISÃO
1. c
2. d
3. e
4. Mapa da jornada: foco em mapear o usuário e suas interações com o serviço; mapa da experiência: foco em mapear o comportamento do usuário e a forma como o serviço se encaixa em sua rotina; *blueprint*: foco

em mapear o serviço e a experiência do usuário juntamente com o sistema de apoio (*front/ backstage*) oferecido aos usuários.

5. A resposta deve contemplar três qualidades: utilidade, acessibilidade e confiabilidade. Em seguida, é necessário relacionar a utilidade à maneira como ocorre a experiência de uso durante a interação e considerar o quanto o produto, sistema ou serviço é útil ao usuário. A acessibilidade deve ser associada à forma como o produto, sistema ou serviço está acessível ao usuário durante sua interação, independentemente de suas necessidades. A confiabilidade deve ser vinculada à maneira como o usuário percebe o produto, sistema ou serviço durante a interação e passa a confiar nesse relacionamento, com base em sua experiência e nos resultados da interação.

QUESTÕES PARA REFLEXÃO

1. Nesta questão, é importante considerar os temas abordados no Capítulo 2 juntamente com a experiência individual acerca do exemplo indicado (filmes, séries e serviços de *streaming*), levando-se em conta a experiência de outras pessoas e as reflexões apresentadas no texto introdutório. Também é relevante pesquisar outras fontes sobre o tema para compor um repertório mais robusto que forneça mais argumentos e possibilidades de reflexão antes de compor o texto ou listar as impressões sobre a sobreposição de serviços.

2. Para fazer a reflexão proposta nesta questão, é necessário ter realizado a questão número 1 das atividades de reflexão do Capítulo 1, pois correspondem a tarefas relacionadas entre si para compor uma reflexão maior sobre determinado contexto. Assim, é preciso preencher todos os

campos do *canvas* com a maior quantidade de informações relevantes sobre o contexto escolhido, visto que o mapeamento da proposta de valor permite uma reflexão sobre a situação a ser estudada.

CAPÍTULO 3

QUESTÕES PARA REVISÃO
1. c
2. a
3. b
4. A resposta deve relacionar as três habilidades – integração, visualização e gestão de soluções – e, em seguida, envolver aspectos como decisões, aperfeiçoamento de habilidades, mudança da mentalidade dos profissionais envolvidos na apresentação de soluções e resolução de desafios enfrentados nas organizações.
5. A resposta deve contemplar os três critérios: desejabilidade, praticabilidade e viabilidade.

A desejabilidade implica considerar aquilo que é necessário e faz sentido para as pessoas, com a atitude de empatia. Com isso, o foco desse critério é identificar o que o usuário deseja. O critério da praticabilidade envolve a compreensão do contexto do problema que necessita de uma solução, considerando-se tudo o que pode ser realizado de forma técnica, funcional e organizacional em um futuro próximo no âmbito do projeto. Assim, o foco desse critério é identificar se existem os recursos técnicos necessários para executar soluções. O critério da viabilidade envolve tanto a empatia com o usuário como o contexto do problema de forma sistêmica. Considera-se tudo o que é viável financeiramente e que – provavelmente – pode vir a compor um modelo de negócios sustentável. Desse modo, o foco desse critério está em identificar o que é viável e sustentável para apresentar soluções para o prestador de serviços e seu negócio.

QUESTÕES PARA REFLEXÃO

1. Nesta questão, é importante refletir sobre as possibilidades de aplicação do design de serviços, os obstáculos existentes, as contribuições para diferentes setores e a necessidade de aceitação mais ampla, com maior investimento em pesquisa. É igualmente relevante enriquecer o repertório com a leitura de artigos e outros materiais sobre o assunto, de forma a somar informações que auxiliem na reflexão acerca do tema e na formação de uma opinião mais robusta sobre as questões aqui levantadas.

2. Como forma de refletir sobre os aspectos sistêmicos e estratégicos do design de serviços a partir das etapas iniciais do processo, é importante compor o mapa de *stakeholders*, que corresponde a uma ferramenta bastante útil para elencar, visualizar e relacionar todas as partes envolvidas no serviço de forma sistêmica, compreender suas relações em um contexto atual e até prever questões estratégicas de atuação, de maneira analítica e bastante reflexiva. Nesse sentido, a ideia aqui é dar continuidade aos exercícios iniciados nos capítulos anteriores, para que a reflexão sobre um determinado serviço seja construída gradativamente, até sua conclusão no Capítulo 5.

CAPÍTULO 4

QUESTÕES PARA REVISÃO

1. a
2. e
3. b
4. A resposta deve contemplar brevemente cada etapa. A etapa de descoberta se caracteriza pela coleta de informações e pela divergência de informações a

partir da abertura da pesquisa para levantar o máximo de informações que possam servir ao projeto. Adicionalmente, ocorre de forma investigativa, com foco na ampla compreensão do problema, considerando-se as necessidades das pessoas envolvidas, bem como no entendimento dos objetivos do serviço e na identificação de oportunidades. A etapa de definição baseia-se nas descobertas e nos *insights* obtidos na etapa de descoberta, com a convergência de informações e o estabelecimento de um consenso em relação a problemas específicos e oportunidades que estão sendo bem aproveitadas no serviço. A etapa de desenvolvimento envolve procedimentos e ferramentas que dão suporte à ideação, de maneira a direcionar a geração e a seleção de ideias, com vistas à sua materialização por meio de prototipação na etapa de entrega. A etapa de entrega se caracteriza pela convergência de *insights* obtidos ao final da etapa de definição, no primeiro diamante, somada à divergência e à geração de ideias, na primeira metade do segundo diamante, que servem de base para materializar a solução escolhida e dar início à prototipação do serviço.

5. A resposta deve apresentar as seguintes informações com base nos conteúdos apresentados no Capítulo 4: adequação para sistemas de produção, trabalho com funcionários reais, foco principal nas metas do negócio, integração em ecossistemas existentes, integração entre estruturas e indicadores de desempenho existentes, iterações, mudanças e adaptações custosas.

QUESTÕES PARA REFLEXÃO

1. Para esta questão, sugerimos a leitura de outros materiais sobre *design thinking* que possam ser complementares ao texto

apresentado no Capítulo 4, de forma a compor um repertório maior para fazer a reflexão proposta. Em seguida, seria interessante retomar a leitura e as reflexões realizadas no Capítulo 3 – sobre design de serviços – para relembrar os fundamentos específicos dessa área e, então, ponderar sobre as diferenças e as semelhanças entre *design thinking* e design de serviços.

2. Nesta questão, é importante analisar a estrutura de cada modelo e identificar suas especificidades. Sugerimos que as etapas sejam redesenhadas e que sejam feitas anotações sobre as impressões obtidas durante a análise, a fim de facilitar a compreensão formal de cada estrutura e tornar familiar a composição de cada uma das etapas, de modo a facilitar o reconhecimento do modelo ideal ou do modelo mais amigável (inicialmente) para uso em futuros projetos.

CAPÍTULO 5

QUESTÕES PARA REVISÃO

1. c
2. e
3. b
4. A resposta deve apresentar as três etapas: pré-ideação, geração de muitas ideias e ranqueamento e redução de opções. A pré-ideação envolve o uso de ferramentas para preparar os participantes. Uma possibilidade é considerar a metáfora da "fatia de bolo", em que se divide um grande desafio em desafios menores e mais simples.

A geração de muitas ideias envolve o uso de ferramentas para incentivar a interação e o compartilhamento de informações entre os participantes no intuito de gerar ideias colaborativamente. A etapa de ranqueamento e redução de opções envolve o uso de ferramentas que auxiliem na pré-seleção e na seleção de ideias, por meio de votações rápidas com marcações físicas e ferramentas de apoio à tomada de decisão.

5. A resposta deve contemplar os seguintes tipos de pontos de contato e exemplos: humanos (representantes de vendas, *telemarketing*, suporte por telefone), estáticos (*e-mail, e-mail marketing*, anúncios, panfletos, cartazes) e interativos (*sites*, aplicativos, *chats*).

QUESTÕES PARA REFLEXÃO

1. Nesta questão, é indicado retomar o serviço selecionado como exercício de reflexão e análise em capítulos anteriores para compor um *blueprint* e um desenho do serviço, de maneira a prospectar e prototipar um novo serviço, aplicando-se todos os princípios, ferramentas e procedimentos relacionados ao processo de design de serviços. É importante ter ciência de que o *blueprint* de serviço deve orientar o mapeamento das ações da linha de frente e dos bastidores do serviço em todos os momentos de interação entre o usuário e o serviço, enquanto o desenho do serviço deve ilustrar todos os componentes do serviço de forma bastante didática e visual, permitindo o completo entendimento sobre o que é o serviço e quais são os pontos de contato e as evidências físicas que favorecem o engajamento do usuário.

2. Aqui o exercício reflexivo depende do repertório do leitor. Recomendamos a releitura do Capítulo 2 – sobre a experiência em serviços – para revisar o foco de cada tipo de mapeamento, comparar as possibilidades de aplicação do *blueprint* de serviços (seja para análise, seja para prospecção de serviços) e, assim, compor uma opinião sobre a situação proposta.

Sobre *a* **autora**

Michelle Aguiar é graduada em Desenho Industrial – Programação Visual pela Pontifícia Universidade Católica do Paraná (PUCPR), especialista em Fundamentos do Ensino da Arte pela Faculdade de Artes do Paraná (FAP), mestre em Design pela Universidade Federal do Paraná (UFPR) e doutora em Design de Sistemas de Informação pelo Programa de Pós-Graduação em Design da UFPR, com participação no Programa de Doutorado Sanduíche no Exterior, fomentado pela Coordenação de Aperfeiçoamento de Pessoal de Nível Superior (Capes) para pesquisa de campo no Game Entertainment Learning Lab (GEL Lab), situado na Michigan State University. Tem experiência como docente nos cursos de Design e Comunicação Social e nos cursos de especialização com disciplinas voltadas a temas como *design thinking*, design de interação, gamificação, usabilidade e UX (experiência do usuário). Atua na área de design gráfico, com ênfase em identidade visual, design editorial, design da informação, design instrucional, design digital e design de serviços. Também tem se dedicado à pesquisa em design da informação, nos campos de instruções visuais, sintaxe visual, linguagem visual gráfica e infografia; *design thinking* e design de serviços; e design digital, voltado principalmente aos seguintes conteúdos: jogos digitais educacionais, jogos e aplicativos para dispositivos móveis, pesquisa e documentação de jogos digitais, UX e usabilidade.

*

Os livros direcionados ao campo do *design* são diagramados com famílias tipográficas históricas. Neste volume foram utilizadas a **Caslon** – desenhada pelo inglês William Caslon em 1732 e consagradada por ter sido usada na primeira impressão da Declaração de Independência Americana – e a **Helvetica** – criada em 1957 por Max Miedinger e Eduard Hoffmann e adotada, entre outros usos, no logotipo de empresas como a NASA, a BBC News e a Boeing.

Impressão:

Fevereiro/2022